낙동강문학 시인선 ③

싸리마을 매화향기

황춘자 시집

홍익출판사

序詩

한 점 노을 꽃 되고 싶어라

오늘 하루를 티 없이 살아
내 삶의 이랑에 결실을 보고
嶺 너머로
자유롭게 오가는 솜털 구름처럼
한껏 마음 가벼워 오는 날은
시리도록 화사한 연시 빛 서녘 하늘가에
진실한 하루를 여미어가는
아름답고 고운 한 점 노을이면 좋으리

여일 하지 못했던 오랜 삶 속에
바람같이 속절없던 갖가지 사연들
주섬주섬 주워 모아
긴긴 파란
오직 침묵으로 승화 시켰으리

이제 여생은 내 안에 나를 찾아
아름다운 일생을 여미어가면
와인 글라스처럼 산뜻한 창가에
고운 한 점 노을 꽃 피어 있으리.

시인의 말

가던 길 멈추어
마음속 실개천에 징검다리 놓아
삶의 여운 한 가닥씩 내리 밟으며
추억의 무게로 늘어진 버들가지 잡고
마디마다 푸른 싹 틔어 보고 싶다

화전 밭에 뿌린 파종
발아에서 가쁜 숨 고르며 태양과 눈 맞춤에
어부지리로 피워낸 몇 점 기록
결실이랍시고 책자에 담아내며
자신의 미흡함에 두려움이 앞선다

혹여 머물러 줄 고운 눈길을 갈망하며
간혹 세인과 함께
작은 교감을 나눌 수 있다면
즐거운 수확이라 말할 수 있지 않을까
감히 염원에 염원을 더해본다.

2010년 봄 오는 길목 藝聖 황춘자

차례

1부 미풍에도 사랑이

거울 앞에서 12
부부 13
그이의 죽마고우 14
모닝 콜 15
내 사랑 앓던 날 16
잊기 쉬운 정 17
영남대학 교내 산책로 18
총 동창회 날 21
입원실 창가에서 22
밤의 적막 24
나 자신 26
뿌리를 찾아서 27
오늘 29
물리 치료실 31
무지개 32
어머니 33
탕 안의 여인들 35
야외 시화전 37
가을걷이 38

2부 계절과 자연

42 삼월의 연둣빛 향연
43 한 송이 석류꽃
44 가을 민들레
45 고추잠자리
46 고로쇠 수액
47 백 목련
48 벚꽃
49 겨울나무
50 자연이 좋아
51 계절의 징검다리 구월
52 초동初冬의 나목
53 맑은 하늘 아래
54 사계절四季節의 산
55 농주農酒에 얽힌 옛 추억
56 개망초
57 달맞이꽃
58 까마중
59 채소를 가꾸며
60 도토리묵

3부 우리 강산

쌍리마을 매화향기 64
덕유산 자락에서 66
명장의 숨결 감도는 포구 67
몰운대 68
누각에 올라서 70
안개 낀 새벽길 71
백운산 문학 기행 72
만 보 산책로 73
공생共生의 메아리 들려오는 곳 74
물금 취수장에서 75
대구의 앞산 76
제주도 77
내 고향은 둘 78
두만강 소고 79

4부 내가 본 지구촌

82 그랜드 캐니언 그 불모지
84 돌 무덤에 피워낸 미소
85 연인의 도시 북해도
86 꿈인 듯 절경에 취했던 날
88 장가게 그 비경
89 요세미티 국립공원
90 산호섬 푸켓
91 원한의 만리장성
93 멀라이언meyion의 힘

5부 더불어 사는 삶

낙동강 문학 창립 두 돌에 96
유정한 우리 종반 98
캠퍼스에 핀 할미꽃 100
경북대학 통일시민대 제4기 송년의 밤에 101
초등학교 동기생 모임 103
인연 104
은사님 초빙했던 날 105
회상 107
추억의 사진첩 108
비 오는 날의 향수 109
분단에 우는 노심老心 110
통일의 그날이 오면 112
세월의 무게 113
구치소에서 만난 선량한 그 여인 115
사경四更의 고요 117
세월 118
임 오시려나 119
아침의 산책 120
품바의 하루 121
묵향 123

~ 跋文 ~

노을 꽃에 새긴 삶의 노래

–문 병 란(시인, 前 조선대교수, 서은문학회장) … 124

1부

미풍에도 사랑이

거울 앞에서
부부
그이의 죽마고우
모닝 콜
내 사랑 앓던 날
잊기 쉬운 정
영남대학 교내 산책로
총 동창회 날
입원실 창가에서
밤의 적막
나 자신
뿌리를 찾아서
오늘
물리 치료실
무지개
어머니
탕 안의 여인들
야외 시화전
가을걷이

거울 앞에서

유성 같이 스쳐간 세월
늘 함께 했던 못난이가
세월 흔적에 눌려
서릿발 정수리에 이고 내 앞에 섰네

너랑 고행의 길에 지쳐
초라했던 많은 날
더러는 활기를 찾아가던 날도
동반자로 거짓 없었던 네 모습

네가 날 위해 웃어 줄 수 없을 일
이제 여생에
너 안에 행복한 내 모습 담으려
웃고 살아야 할까 보다

세상사 마음먹기 나름이라
매사에 감사하고
긍정적 사고로 살아가며
너와 나 언제나 웃으며 살자꾸나.

부부

세상 인구 절반 중
한 사람
우연이든 필연이든
두 사람 맺어진 삶
그가 있고 내가 있어
부부 연 맺었거늘

덜거덩 삐걱
모난 세상 살아오며
서로 나눈 위로의 말
상처 준 또 한마디 말 되짚으니
어느덧 언약했던
검은 머리 파뿌린데

긴 세월 벗해 온
한 쌍 기러기
이제 노을빛 고운 서쪽 하늘 가에서
회한의 시린 일
옹이로 굳은 속마음에
모닥불 지피고
등 기대며 살아가리.

그이의 죽마고우

만나면 그때마다
제수시라 부르던 그이 친구 분
고희연을 먼저 지난 그이 앞에서
이제 형수님이라 칭하니
더는 싸울 일 없는 죽마고우던가

반갑게 만나 서로들 형이라던
코흘리개 친구 분들이
부질없이 가는 세월 안타까워
지금은 자칭 아우라고
하루의 젊음이라도 찾고자 하는 말

옛 고향 실개천 멱 감던 벗
타향 살며 우연히 재회했지만
동심 속 그 정 잊을 길 없어
얼굴 가득 웃음꽃 피어오르고
언제나 지금처럼
다짐하며 굳게 잡던 억센 손.

모닝 콜

헐겁게 내려놓은 어제
알뜰하게 열어갈 오늘
그 위에 또 다른 삶을 그리며
보람과 공허함이
꿈속에서 교차할 시간

상큼하게 속삭이며
오늘을 열어주는 멜로디가
귓전을 울리면
여명의 언저리에서
내 인생에 가장 보람찬 날
오늘을 설계해 보는데

여운 실은 똑딱 소리는
내 무디어진 육신마저 실은 채
촌음을 잘라 먹으며
미지의 세계로
미지의 세계로
어디쯤을 향해 가고 있음인지.

내 사랑 앓던 날

수시로 찾아들어
갖은 의문 털어놔도
아는 대로 답해주고 기억해 주더니
한 살 나이 더 먹더니
예고 없이
덜커덕 병을 내었구나

네 기분 살피지도 않고
마우스로 심장을 헤집고
손끝으로 수족을 두들겨도
투정 한 번 않고
마음 열어 주더니
심한 몸살 냈나 보나

치료 예약은 했다만
나날이 살갑게 다독이던
내 사랑 너의 질식에
멎어진 사각 틀 심장을
안타까이 쓰다듬으며
온 방 안을 서성인다.

잊기 쉬운 정

먹구름 짙어 우중충한 날
우산을 꼭 옆에 끼고 집을 나선다

온 몸 바쳐 내 몸 보호해 주었는데
날이 개면 까맣게 잊고 널 버린다

이 몸 보살피던 부모님 사랑 또한
받기만 하고 지나지 않았을까

조건 없이 헌신하고 사랑 베풀며
그 자리 지켜주던 정이 닮아

우산을 펼쳐들며
이제 도저히 갚을 수 없는
부모님 사랑 되짚어 본다.

영남대학 교내 산책로

경산시 대동에 우뚝 솟은 민족의 대학
위엄을 자랑하는 흰 건물 본관 앞으로
아득하게 늘어선 금잔디 정원 지나
새롭게 건립된 꿈의 공간 천마 아트홀
교내 명물인 영대 도서관, 영대 박물관

에덴동산처럼 아름다운 이 캠퍼스
본관 좌측 대각선 한 모퉁이엔
울창한 아름드리 도토리나무 군락 아래
드문드문 놓인 벤치들의 서정적 분위기는
칸트가 사색하며 쉬어 갔음 직한 곳

민속촌 지나 연못으로 가는 산책로
또는 민속촌에서 러브로드 오솔길
숲 사랑 1길, 2길 거쳐 벚나무 군락지들
산등성이마다 운동기구 갖춘 체육공원
지역민 체력 단련 위해 모두를 개방하니

얼마나 멋진 산책로를 이용함인가
봄부터 벚꽃과 개나리꽃 매화꽃 살구꽃

그들의 미소가 정겹게 피어나고
은행, 모과, 도토리가 토실토실 영그는
가을 동산 청설모 앙증맞은 율동들까지

산 숲 속에선 산새들의 즐거운 지저귐
연못에선 물새들 단란한 가족 나들이
연잎과 연꽃이 못 전체를 뒤덮을 땐
또 얼마나 장관이며 아름답던가?
꽃들의 잔치가 끊어지지 않는 곳

천혜의 공간으로 아침 운동에 나선
우리 부부를 포함한 삼삼오오 부부며 친구들
한 발씩 내 딛으면서 한결같이 비는 마음
세계수준 지역거점대학 영남대학이여
세계화 지역화로 명성을 드높여라

영남대가 길러낸 우리의 유능한 엘리트들
지구촌의 유망주로 세계인과 손잡는 날
학도들 사기 충전하고 웃음꽃 피워
이 땅 밟던 지역민들 축복을 받으면서
상아탑의 꿈이 크게 실현되라 빌어본다

이른 아침 캠퍼스 內 산책로를 걸으며
행복하고 감사한 마음이 걸음마다 교차하고
이제 곧 벚꽃 만개하여 흰 구름 터널 이루면
화사하고 산뜻하고 꽃 냄새가 싱그러운
이 산책로에서 매일 아침을 열어가련다.

※ 칸트 - 독일의 철학자

총 동창회 날

옛 벗 그리워 모교를 찾던 날
뇌리에 담아둔 추억의 窓 너머로
단발머리 소녀 교정을 서성이고

반 중에 성숙했던 어느 친구
초경에 놀라 뛰던 그 사건은
흑백 사진으로 희미하게 눈앞을 스치는데

어느덧 半白의 老 신사 숙녀들
화기애애 모여앉아
철부지 그날의 얘기꽃 피운다

유정의 담소 넘쳐나는 천막들
그 중 26회 천막 속 친구들과 나
훌쩍 흘러간 반세기를 헤집으며

다음 해도 그다음 해도 줄곧
우리 옛 이야기 이어 가간다.

입원실 창가에서

히포크라테스의 손길인 양
새하얀 실눈 모여
온 세상을 뒤덮었다

병실 창 밖 내다보며
시름 툴툴 털어 보내고픈
환자들 마음 감싸지 못함에
사르르 미안하다는 듯
숨죽여 하강하는 눈발

대지 위에는 질퍽대는
미끄럼 타고 또 다른 다친 사람이
병원 문 찾아들고
603호 입원실은
차량사고 실족사고 눈길사고
앓는 소리 들끓지만

저 넓은 도로에는
굉음으로 질주하는
예고 없는 돌발 철 덩어리들

미끄러져 오가는데
한 번 놀란 이 가슴은
눈길 위 달리는 차들
날 썬 무기로만
내 마음에 와 닿아 소름 끼친다.

밤의 적막

귓속에서 울부짖는 고요
그것은
내 안의 내란이다
이 시간은
오늘을 자성하는 심판 중

공허 때문일까
허도 실도 가늠하지 못하고
다만 차분히
밀폐된 공간을 유영하며
자신과 문답하는 순간

삼경 사경이 지나
찾아올 여명은
나로 하여금
내일을 변명하지 못하는
알찬 시간 속으로 데려갈까

자고 나면
반추해도 소용없는 허상

가다 보면 즐거움의 온상 되려니
밤의 정적 가고
여명 또 맞으며.

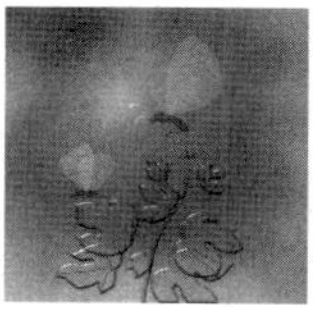

나 자신

손톱에 채색해 꾸미진 못해도
풀 물 묻은 손끝이 부끄럽지 않은 나
온 식구들 다 말려도
땀 흘리며 텃밭 일궈
손수 채소 씨 파종하여
무공해 푸성귀 나눠주는 즐거움
그 또한 내 안의 작은 행복

하지만 뒤돌아보면
반세기 전 보릿고개 그 생채기가
뼈아픈 허기증 되어
나 억순이로 만들어 놓았는지
근검절약 손수 실천이
나도 몰래 내 안에
깊은 뿌리 내리었는지

나에게 물어봐도
장담할 수 있는 알뜰했던 삶
그저 이대로
거짓 없고 부지런하기만 한
그래도 한 점
부끄럼 없는 자신인 것을.

뿌리를 찾아서

6.25동란으로 상처 투성이던 땅
어렵사리 재건된
아늑하고 편한 곳
물 좋고 평야 넓고 정 많아
꿈도 소망도 한껏 키워온 동네

조상님 安葬한 山
후손들도 묻힐 山野
못 잊어 그리며
남녀노소 가림 없이 애틋한 정
철새가 둥지 찾듯 모여들었다

아련한 추억 머무는 곳
편할 安, 편할 康,
기름진 안강安康 벌
우리 고향 함께 지키자는
유정한 마음들 모두
이웃이었고 고향 사람이었기에

오매도 못 잊어 꿈길에도 오가며
향수에 젖어 향토를 돕자는 이
스스로 모여들어
고운 정 오가는 자리
모두가 在邱 안강 향우들이어라.

오늘

기쁨으로 맞아
자신과 약속한 시간
알차게 채워 가면
노을은 꽃으로 피고
아쉬운 헤어짐의 반복

자신을 저울질하며
유영하는 시간
늘
허상만 남기고
지나가는 시간과 세월

기쁨도 시름도 같이해
살아온 수많았던 오늘
그 속에
한결같이
실어 온 삶

기억 속에 저장된
실타래 같은 긴 여운

썰물로 밀려나가는 날
그날은 보람으로 살았다고
말할 수 있으려나.

물리 치료실

삶의 밑 둥에서
기어오른 상처들이
물찜질 기계작동으로
허물 거리며 밀려나고

옹이 진 가슴에
살점 하나 떼어내는 아픔들이
십사 호 십오 호실에서
한숨으로 흐른다

휠체어에 시름 얹고
보호자 없는 저 할머니
건너편 산 밑 외딴집이
내 집이라며
멍하니 건너다보는
초점 없는 시야에
삭풍이 흩날린다.

무지개

고향 산마루에
걸터앉았던 일곱 색깔 하도 고와
부푼 동심은 마냥 뛰어다녔지
그때 나 쫓아오던 비단결 허공 띠

인간 탓인가 공해 탓인가
허상으로 사라져도 긴긴 여운 남기며
심심찮게 볼 수 있던 단정한 자태
가슴속까지 청결해지던 오색의 꿈이여

너 오는 길목 고발트빛 창공으로
오염물질 배출 줄여주면
잊히지 않은 그 모습으로
발전한 빌딩숲도 보살피고 가련만

우리 사는 세상 오염 언제나 거둘까
상상봉 나뭇가지에 연리지로 매달렸듯
허공에 뻗은 색깔 곱기도 했건만
그립고 보고픈 옛 추억아.

※ 연리지 - 두 나무의 가지가 맞닿아서 결이 서로 통한 것.

어머니

어머니! 당신 모습 눈앞에 떠올리면
가슴은 어느덧 아려옵니다

외로웠던 청춘 길지 않았던 일생
오로지 어린 우리 오누이에게 던지시고
동지섣달 긴긴밤
뒤꼍의 스산한 댓 바람 소리
뼈마디마다 고독으로 몸부림쳐 올 때

스물여덟 당신, 애잔한 호롱불 아래서
옛 글 읽으시며 소일로 삼으시던 일
저 철없던 다섯 살 딸
그때도 어머니가 가여워 이불자락 둘러
숨죽여 울었던 순간들 기억합니다

이제야 손가락 꼽으며 세어봅니다
마흔하고도 여덟 해를
사위어 가던 복사꽃 당신
아버님 계신 잔디 궁전 곁으로
훠이훠이 떠나시던 바로 그날 밤

불효한 이 딸자식 아린 가슴을
뒷동산 두견새가 그리도 구슬피 울어
어머님과 못다 한 사연 나누듯
소쩍소쩍 소리에 긴 시간 서럽게 울었답니다

따사로운 햇살 쏟아지는 선산 자락에서
곱게 살다 가신 긴 세월
못다 한 부부의 정 영원토록 나누시는
유정하신 두 분의 유택을
가슴으로 그려보며 혼잣말로 불러봅니다.
어머니! 내 어머니

탕 안의 여인들

태어난 그대로
꾸밈도 걸침도 없으매
여기는
날개 없는 천사들뿐
물방울 또르르 구르는 몸
아기 안은 엄마
더욱 아름다워
승천이라도 할 것 같은

모녀 또는 모자
생명의 신비
온탕서 갓 나와
발그레한 고운 몸에
안긴 아기
다독이는 아기 엄마
어느 미술 전시관에
저 숭고한 산 작품 있을까?

노모님 씻기는 중년 딸
아기 씻기는 새댁 엄마

손놀림도 고우니
천사의 욕탕인가
오~ 아름다워라
가식 없고 빈손이라
뽀얀 증기에 가리어
탕 안 모두는 선녀인 것을.

야외 시화전

부푼 가슴 달래려
자연으로 나들이 나선 날
산새 노래 맞춰
여울지는 물소리
바람 끝에 맴돌던 시심
햇살 고운 길섶에
굽이굽이 풀어내어

자연은 사람 좋아
사람은 자연 좋아
한 송이 들꽃도
이름 모를 잡초도
나들이 나선 길벗님까지
오는 정, 가는 맘 서로 나누며
어우러져 펼치는 한 판 잔치인가

무던히도 고뇌하며
서리서리 풀어낸 너와 나 사연
이슬 맞아 영롱한 시여
노을에 홍조 띤 시화여
거기 그 자리에서
그들 태동은 시작되었으리.

가을걷이

젊은이 떠난 들에
오곡백과 고개 숙이고 또 익어
풍년가로 번지는데

등 굽은 노부모 농토 지키며
쌀이며 찬거리며 자식 생각에
삭신이 저며도 돌 볼 새 없네

도시에 사는 삶도 변변찮아
농비인들 시나브로 못 보냈으리
그 또한 편치 않은 심정이지만

그래도 부모는 오로지 내리사랑
자식에겐 주고도 또 주고픈 맘
오곡 잡곡 챙겨 트렁크 가득 채워주며

주름살에 번지는 미소 띤 어버이께
언제나 건강부터 챙기시고 지내십시요
그래 가서 열심히 잘 살아라

시골의 가을걷이는
효심도 두 배 자정도 두 배
챙겨 드리고 얻어가는 나눔의 행사.

2부

계절과 자연

삼월의 연둣빛 향연
한 송이 석류꽃
가을 민들레
고추잠자리
고로쇠 수액
백 목련
벚꽃
겨울나무
자연이 좋아
계절의 징검다리 구월
초동初冬의 나목
맑은 하늘 아래
사계절四季節의 산
농주農酒에 얽힌 옛 추억
개망초
달맞이꽃
까마중
채소를 가꾸며
도토리묵

삼월의 연둣빛 향연

햇병아리 부리 인양
세상은 연둣빛 커튼 드리우고
동면 깨어난 개구리 눈망울
성급한 민들레 꽃잎에 머물 즈음
일흔 해 긴 세월 고운 추억들도
그들 속삭임에 되살아납니다.

새싹들 귀여운 반란 위에
아지랑이 춤사위 벌이고
해맑은 세상 상큼한 속삭임에
덩달아 부풀어가는 이 심사
생동의 푸른 입김 하도 싱그러워
그 속에 파묻혀 살아가렵니다.

한 송이 석류꽃

남새밭 한 모퉁이
이년생 석류나무 초경을 한다
단 한 송이 진한 핏빛 꽃을 매달고
수줍은 작은 몸 홍안이 되었다

이듬해면 향기로운 몇 송이를 피워서
벌 나비 유인해 정사 치르고
복주머니 씨방 터뜨리며
새하얀 이빨 드러내고 활짝 웃을까

어린나무에 피워 낸 오직 한 송이
너의 환상은 신맛이 되어 한입 가득
이듬해의 알찬 수확 기다려 보며
앙증스런 널 영상으로 남긴다.

※ 남새밭 - 푸성귀를 기르는 채소밭

가을 민들레

지난봄을 미소로 열어주던
샛노란 꽃망울 흔적 감추고
다산多産의 아픔 딛고
윤기 잃은 잎 갈색 되어 처져 있네

허공으로 날려 보낸 무수한 포자
어디에 들 자리 했을까?
터 잡고 싹 틔우는 소리 듣고파
잎마다 청각인 듯 사방으로 뻗었구나

이듬해 남풍이 잔설 녹일 즈음
오는 봄 길녘 남 먼저 피어
아지랑이 실눈 위로 분신 자태 엿볼까?
가을 들녘, 초췌한 어미 민들레야.

고추잠자리

투명 날개 곱게 펼쳐
마음껏 휘젓는 창공은 나의 무대
종횡무진 훨훨 유희하노라면

한 자락 남은 만추 먼발치로 물러서고
단풍잎 잡고 낮잠을 즐기자니
그마저 계절 앞에 촉감을 잃었으니

무서리 올까 보다
서둘러야 할까 보다
우리들의 애무 끝없는 쌍쌍파티
높푸른 하늘 메고 어디로 떠나갈까?

고로쇠 수액

험산 돌 틈새로 실핏줄 내리고
설한풍 이겨 낸 인고의 심장에
날 샌 비수 꽂히던 날
온몸으로 울어 수액을 토해 내는
나무야 애꿎은 나무야

채취장에 모여든 선남선녀들
당뇨나 위장병에 좋다 하여
말 통으로 담겨 팔려나가니
속살에 난도질당하는 만신창이 너
나무야 가엾은 나무야

끓이지 않아도 먹어 좋다 하고
쓰지도 않으면서 약효가 있어
누구나 먹어도 이롭다 하니
속 다 비워주고 춘곤증 앓는 몸
나무야 신비의 나무야.

백 목련

상현달 그림자를
수채화로 옮겼던가

설한풍 견디어 낸
앙상했던 가지 위에

꽃샘추위 마다치 않고
수줍게 피워낸 꽃

새봄의 알림이
백 목련의 순결이여

세파에 더럽힐까
이른 낙화 섧구나.

벚꽃

모진 삭풍 참아낸 뭇 가지에
인고의 화신 지천으로 터져 오르면
그 모습 반겨 술렁이는 인파 만파
가슴마다 요동치는 꽃 무지개
반짝 왔다가는 아쉬운 만남이라

춘풍이 손짓해서 꽃 대궐 길 나서면
시리도록 화사함도 순간인 것을
일흔 해 거슬러 세월은 녹아
짧은 아쉬움 여운 남기며
낙화로 져갈 운명의 벗인 것을

네 정녕코
황홀한 아름다움 몸 안에 지녔다가
천사의 날개인 양 다시 피기 몇 번을
너와 나 연緣 되어 만나고 또 만나랴.

겨울나무

겨울나기 동면 길
속 살 말리며 흐느끼는 나목아
껍질로 연명하며
북풍과 눈비에 애간장 끓도다

앙상한 고독의 알몸 위로
넌더리나는 추위가 몰아쳐도
모질게 삶을 이어가며
마파람 불어올 날 오매도 기다리겠지

삶의 물고 트일 봄날
가지마다 화신이 잠 깨면
너희의 움 틔우는 소리로
새봄 열어갈 꿈
나신으로 숨겨가며.

자연이 좋아

말없이 정좌한 산
기품 자랑하고
도도히 흐르는 강
뭇 생명 키우누나

만물의 주인인 인간
오염물질 배출함이
가랑비에 옷 젖 듯
후손들 물려 줄 땅 삭신 앓는다

서서히 병들어 가는 땅
스스로 지켜내고 청소하여
손에 손잡아 불멸의 소나타
소리 높여 부를까.

계절의 징검다리 구월

불볕더위 하도 지쳐
조석 서늘한 네 품에 안기어본다

들에서 전해오는 쑥부쟁이 향기 좋고
오곡백과 거두어 곳간을 채워도

심신心身에 퍼지는 세월의 무게는
허수아비 어깨에 걸린 무상無常이구나

국화 香 그윽한 가을의 문턱
옷깃에 스며드는 소슬바람 차가운데

너마저 보내고 한숨 돌리면
만산홍엽 낙엽 짐을 보아야겠네.

초동初冬의 나목

훨훨 옷 벗어
정처 없이 날려 보내고
나신으로 동장군 앞에 버티어
북풍과 싸울 준비
당당한 자세

뉘라 겨울 더러
춥다고만 할 것인가
마른 가지 끝에 삭풍 휘몰아쳐도
우주의 섭리 따라
가슴 활짝 펴고 살아가는 너

분신 떨구어 내고
훌렁 벗은 알몸으로 추위 감싸고
땅속 뻗은 잔뿌리로 자양분 만들어
내년에 움 틔울 힘
시린 가슴 가득히 또 품었구나.

맑은 하늘 아래

낙동강 굽이쳐 세월을 나르고
그 품에 보듬어 온 생명체 부지기수
잡초 물고기 다슬기 지렁이
더불어 호흡하는 자연 속 우리

한적한 들길엔
구절초 춤사위 살랑 바람에 번지고
풀 섶 뭇 벌레들 아름다운 심포니
청잣빛 하늘 솜털 구름 한 자락 젖히고
이지러진 낮달 미소로 화답하네

푸름을 둘러쓴 숲 속 요정서
가까스로 떠나려는 여름 한 자락 붙잡고
매미들 애절한 진혼곡은
만나고 헤어짐의 의미를 읊는데
어우러져 살아가는 너 그리고 나

공해 줄이고 활력소 불려 가면
예가 에덴동산 대자연의 품
여기서 살리라 웃으며 살리라.

사계절四季節의 산

봄이면 도란도란 꽃 피우는 산
진달래 산수유 매무새 가다듬고
아카시아 꽃 냄새 향긋이 뿌려
산새 무리 불러다 즐거운 노래잔치

여름 산 녹음 아래 굽이진 계곡
물소리로 여울지는 상쾌한 가락에
발걸음도 흥겹게 오솔길 오를 제
은은히 들려오는 암자의 불경 소리

가을 나무 예쁘게 색동옷 갈아입고
예 와서 놀다가라 오색 찬란 고운 손짓
쉬어 가는 등성이 단풍 숲 사이로
다람쥐 알밤 찾아 겨울 채비 바쁘다

칼바람 설한풍에 애처로이 나목되어
푸른 솔과 조화롭게 눈꽃으로 단장한 몸
남풍을 기다리며 인내하는 기상이여
봄 구름 살짝 눈 덮인 영嶺을 넘네.

농주農酒에 얽힌 옛 추억

종달새 울던 봄날 보리 거두고
메뚜기 토실토실 살찌는 가을이면
금 사슬 같은 벼는 수확 철이라
막걸리 한 사발로 허기 달래던 시절인데

양조장 직원 앞세우고
밀주 단속차 군청 나으리 시골 납시면
할머니도 아줌마도 술독 껴안고
통시 곁 헛간 곁에 몰래 감추는데

곡괭이 든 그분들 족집게 작전은
귀신같이 잘도 찾아서 들고 나오니
한 잔 탁주로 배 채우고 허리 펴 일하련만
농사일에 새 참은 무엇으로 대신할까?

돈 마련 어렵던 옛 농민들
주머니 속사정은 벌금 낼 걱정만 가득.

개망초

저게 무슨 꽃이야?
뒤따라 가는 이 안개꽃이지
옆 사람 아니야 메밀꽃인걸
몰라주는 이 많아도

무리지어 피어난 자태
안개꽃인 듯, 메밀꽃인 듯
호수에 비친 흰 구름 같아!
가슴 설레게 하는 꽃

외딴 길섶 후미진 들녘
산들산들 살가운 몸짓은
풀벌레 친구들과 어루러저
실바람에 함께 춤추며

뉘 손길 바라지 않고
뉘 눈길도 원하지 않으면서
저들만의 자연 무대 위는
마냥 평화 그 자체다.

달맞이꽃

그리움에 지쳐
키다리가 되었더냐

보고픔에 겨워
목이 꺾이었더냐

달그림자 밟고선 게
달맞이꽃 되었더냐

외로워서 노란색
그리워서도 노란색

마디마다 여무는
기다림의 결실

이제나저제나 휘영청
오직 달맞이로 피어난 꽃.

까마중

자생력 자랑하는
네 이야기에 귀 기울이면
잎, 줄기, 열매, 뿌리가 다
몸에 좋다는 일년생 약초

온몸 가득 좋은 약효로
가지마다 탐스럽게 매단 열매
옛 시절 추억의 먹을거리였기에
널 만나면 이렇게 반가운가 보다

잎 하나 따 숨죽여 종기에 발라주시던
내 할머니 지혜로우셨던 손길
알콩달콩 들려주시던 옛 애기주머니
알알이 매달고 탐스럽구나

옛 추억 살며시 묻어난 잡초
야생의 살가운 까마중아
오밀조밀 풍성한 열매까지
넌 들녘에 피어난 명약이구나.

채소를 가꾸며

사랑을 먹고 살고
거름 좋아 흡수하며
잡초를 뽑아 줘야
남새밭의 영양소다

갖가지 종자로 움터
이랑마다 푸름이 짙어가고
앙증스런 모양새마다
맛도 영양도 달리하는 것

가뭄에 겨워 축 처졌을 때
물 한 조리 뿌려주면
영락없이
한 잎 두 잎 촉수를 새운다

송골송골 아침에는
아기의 미소인 양
산들산들 저녁에는
애틋한 표정 지으며
땅거미를 이불로 두르고
내일 일출 기다린다.

도토리묵

토실토실 예쁜 열매
알알이 떨어져
산속에 머물면
청설모, 다람쥐 주식

아낙네 손길에서
검은색 분단장해
다시 태어나면
우리 먹는 도토리묵

자연의 결실이 지면
산 짐승 식량 되고
자연에서 수확하면
인간의 별미 되네

새록새록
천지 창조주님의
오묘한 섭리에
무한 감사 또 감사

우리 몸 안 중금속
몸 밖으로 배출시킨다니
무공해 도토리묵
천혜의 먹을거리.

3부

우리 강산

쌍리마을 매화향기
덕유산 자락에서
명장의 숨결 감도는 포구
몰운대
누각에 올라서
안개 낀 새벽길
백운산 문학 기행
만 보 산책로
공생共生의 메아리 들려오는 곳
물금 취수장에서
대구의 앞산
제주도
내 고향은 둘
두만강 소고

쌍리마을 매화향기

꽃 무지개 넘실대는 산야
남녘의 청 매실 농장은
호미 손, 지게꾼 다리로 살아온
억척스런 임의 정성이
진한 꽃향기 되어
벌 나비인 양 수 없이 몰려드는
동구 밖 상춘객 영접하더이다

인고의 날들 꽃잎에 미소로 피워낸
임이여 아름다운 매화 여인이여
수백 개 항아리 속에
파란의 세월 숙성시키며
옥토로 다듬어 온 산등성이는
휘영청 가지마다 꽃송이 매달고
청 보리 푸른 잎과 봄 향연이더이다

일생 흙과 얘기하고, 꽃과 시름 나누며
어질게 살아오신 임의 고운 심성은
이제 꽃길 굽이마다 마을 골목마다
이웃들 삶의 터로 내어주시어

더불어 돕고 삶에 본보기 되셨음에
임은 바로 쌍리마을에 피어난
고귀하고 청순한 매화향기
바로 그 자체이더이다.

진흙 속에서 진주를 캐낸
매화마을 홍쌍리 매화 여인이여!

덕유산 자락에서

어제오늘이 외줄서 곡예를 넘고
공해가 빌딩 위에 너울거림에
일상에 찌든 우리네 삶들은
숨 막히는 시멘트 둥지 벗어나 이따금
그대 평화스런 그늘을 찾아든다

사계절이 펼쳐대는 변화무상에
만인이 밀려와 쉬어 간대도
거부 없이 받아들여 머물게 하고
바람 실어 손짓함이 모정 같아서
편히 쉬어가라 가부좌를 틀었구나

등마다 풍경소리 성스러움에
고즈넉한 산사 축복으로 내려앉는 땅거미
초롱별 무리 지여 밤 문안 올지니
어진 모습 넓은 마음
어머님 앙가슴 같은 그대의 품이여.

명장의 숨결 감도는 포구

바다인 듯 강물인 듯
산하를 감도는 쪽빛 물속에
곱게 내리비친 오색 단풍 빛은
충정에 숨겨간 충무공의 절규던가
파문에 실려 용트림하는구나

바다에 둘러싸인 산
산허리 돌아 이어지는 바다
진두지휘 호령소리 들려오는 듯
해안선 S 코스 산책로엔
임 기리는 행렬 끊일 새 없나니

적의 피로 붉게 물들었던 바다
승전勝戰의 기쁨에 들썩였던 파도
모두를 잠재운 조용한 물결 위로
조국의 창대한 축복을 담아
찬란한 태양 힘차게 솟아오르는
산뜻하고 아름다운 이곳 당황포.

몰운대

오늘의 돌출봉 안개를 벗고
바다에 안겨 휴식하니 그 또한 휴일인가
삼삼오오 짝을 지어 즐겨 찾는 포구인데
태고 적 신비 고스란히 지녔으니

그 품 가득 객들 찾아들어
가슴마다 터져 나올 환호성 모으면
대해 물결 출렁이며 포물선 그릴까
잔잔한 파도 위 갈매기의 비상이
어쩌면 저다지도 평화로운지?

수평선 끝자락서 파도를 타고
충정공 넋두리 아련한 출렁임
가슴에 요동치는 사연들일랑
드넓은 백사장에 일필휘지로 내려두고
귀가할 걱정 모래톱에 잠재울까
씨줄 날줄 시어詩語 엮는 해변의 시인아
파도 타는 노을이 저다지도 고운데
어이 발길을 돌린단 말인가

고운 추억 세 모래에 남긴 발자국
환상 속에 지워지지 않을 만인의 오늘을
온몸으로 품어 안고도 아무 일 없었다는 듯
억만년 멋쟁이로 버티어 서 있을
청초하고 풍성하고 가슴 트이는
이 바다 고운 노을 하직하기 아쉬워라.

누각에 올라서

영남루 난간에 올라서니
표충사 종소리 울려 퍼지듯
남천강은 천만 쪽 파문이 일고
백화난만 물새소리 아! 봄인가 보다
강 건너 곱게 그려진 밀양 시가지가
가슴에 품고 싶도록 아름다워라

정절의 아랑낭자
은 비늘 강 물결 보며 춘정에 겨워
강변 서성이다 밤 이슬 되었을까
고고한 절개인양 댓 바람 소리 스산하고
굽이도는 물줄기 도도하여라

먼 길 서둘러 찾아왔건만
오늘에 지친 누각 긴 그림자로 몸져눕고
옛 선비님 묵향은 누각 안을 감돌건만
일흔 해 세월 옥빛 강 자락에 노을로 비치고
오늘 시경詩境 또한 서럽도록 저물어 가네.

안개 낀 새벽길

창공이 분단장하고
마술사로 땅 위 내려앉으면
인생길 미로 내 딛는 걸음마
아련한 꿈길 헤엄쳐 간다

순간 아찔한 판단은
회심곡의 연주 들리지 않고
찰나의 실수로
애매한 속눈썹엔 이슬 맺힌다

암울한 천지간
천당과 지옥의 이정표 없으매
어설픈 시도는 금물
분별없는 아스라한 질주도.

백운산 문학 기행

청아한 초롱별 지천으로 반짝이고
산야의 초목 미풍에 물결 치는데
방방곡곡 글 벗님 모여들었어라
모깃불 쌍으로 피워 연기세례 받으며
문학회 두 돌잔치 흥겹던 날

삼삼오오 모여앉아 담소하던 시간
이성도 나이도 허물로 벗어두고
뭉쳐서 키워보자 의논 나누며
詩 田 일구던 우리 모두 마음
탐스럽게 영글어갈 시어들 꿈꾸며
글 사랑 애기꽃 뜬눈으로 지새운 밤

영원히 함께하자 가슴 열고 마음 다져
앞서거니 뒤서거니 문우의 정 나누며
백운산사 상림숲, 연 꽃밭 뿌린 추억
삶의 휴식이요 젊음의 충전이었어라
내년 잔치 성대히 그다음 해 더욱 큰 잔치로
낙동강 문학 푸른 꿈 키워보리니.

만 보 산책로

청계사 누각 끝 목멘 풍경소리에
번뇌 한 자락 영嶺을 넘고
산사에 고요히 울려 퍼지는 불경 소리
등산객 불심 속 향불로 번지는데

솔바람 흩날리는 야산자락
막 터져 나는 새빨간 꽃봉오리
요부의 혀끝처럼 날름거리며
봄바람 품어 안고 정분이 난 게야

열정의 오르가즘 멎은 그 자리
산책로 능선 좌우 언저리로
진분홍 두견화 불길로 타오르면
상춘객으로 몸살 앓을 쉼터 팔각정

만인이 즐겨 밟고 오르내리는
맑은 공기 샘솟는 정겨운 그 꽃길.

공생共生의 메아리 들려오는 곳

평화스런 날갯짓의 수십 종 철새 떼
반신욕으로 흥겨운 수백 종 초목
아가미 가득 행복 여미는 어류들
어우러져 즐거운 지상의 원천이여

전망대 올라 촉각 뻗으면
늪 가득 번져나는 생동의 파노라마
내 궁핍한 언어로 담아 낼 수 없어
한나절 신선인양 무아경에 잠겨볼까

유구한 세월 품어 온 신비기에
뉘라 감히 범하지 못한 생명의 요람
영원토록 뭇 생명의 숨소리로 여울져갈
창원의 명소 대자연의 젖줄이여

고운 숨결들 어여삐 포용하여
우리 모두 사랑으로 지켜나간다면
너와 나 공존할 만인의 낙원 되리
우포늪에 번져나는 인드라망.

물금 취수장에서

아지랑이 놀던 자리 땡볕 내려앉아
지난날 곱던 시어들 달구어진다 해도
정다운 글 벗님, 누리에 솟는 열기
시심으로 퍼 담으며 웃음 안고 오소서

일상에서 벗어난 영롱한 시심들이여
강바람 물보라 바람 한 점 반주 삼아
다정한 이야기로 하얀 밤 지새우며
진주 같은 시어들 토해 낼 수 있을까

낙동강 물 굽어 도는 생명의 원천
은 비늘 물결 살갑게 속삭이는 곳
코스모스 꽃길에 묻어나는 심연의 사연 주우러
재회의 부푼 가슴 안고 모여든 시심들이여.

대구의 앞산

보름달 벙실 웃음인 양
해맑고 청순하여
다시 또 찾아오고 싶은 곳
대자연이 물려준 보배
어머니 품 속 같은 산

포근하고 정겨운 오솔길
오르다 갈증 날 때
달비골 약수로 목 추기고
내려오다 허기지면
별미집도 많고 많아

만인의 사랑방
마음속 간이역
친선과 낭만을 보듬어 키우며
만남의 장으로 전신을 내주는 곳
대구 시민의 아늑한 쉼터이어라.

제주도

온몸으로 푸른 바다 둘러 입고
아름다운 자연 어여쁜 꽃
휘영청 야자수 가시 돋은 선인장
분별없이 품어 기르며 평화롭다

수평선 끝자락이 세계를 향해
정겨운 손짓으로 출렁이며 부르고
금빛 귤 은빛 옥돔 미각 돋구는
조국의 자랑이자 세계의 명소

몽골인 말 등에서 사극 펼치고
태국인 코끼리 몰아 묘기 벌이며
중국인 서커스와 오토바이 묘기 넘는
세계는 하나라고 피켓을 내 건

우리의 국토 남단 기름진 땅
조물주가 덤으로 준 선물이던가
천혜의 자연이 어우러진 섬
귀여운 막내 같은 우리의 제주도.

내 고향은 둘

비학산 운주산 그 가운데로
일 급수 기계천 맑게 흐르는
포항 북구 기계
초가집 앞동산에 두견화 피고
실개천 둑마다 찔레꽃 흐드러지게 피던 곳
출생의 울음 터뜨리며 첫 숨 쉬던 내 고향

넓은들 기름진 옥토
서라벌 옛 정취 사방에 서리어 있는 곳
경주시 안강 양월
양철집 지붕에 빗소리도 요란했고
칠평거랑 방천 둑을 맨발로 즐겨 걷던 곳
키와 꿈 키우던 여기는 제2의 고향

대구 포항 간 중간 자리 기계
새마을호 날렵하게 내 달리는 안강
사통팔달 뻗은 도로 산업의 수송기지
꿈속에도 그립고 자랑스러운
내 마음의 고향은 언제나 둘.

두만강 소고

동강 난 조국 산허리 감돌며
때로 허기도 졌을 테고
애간장 타기도 했을 게다
심한 갈증인들 어이없었으랴

조국의 땅 밟고 기쁘게 만나지 못
이국 만 리 길림성에 발 붙여
연민의 정을 품고 만난 물줄기
가요로 달래보는 한 많은 두만강아

유구한 역사 위풍도 당당하게
힘차고 푸르던 고운 흐름 어딜 가고
분단의 절규들 물결마다 섞어서
숨죽여 흐르는 검은 물길 애달프다.

4부

내가 본 지구촌

그랜드 캐니언 그 불모지

돌 무덤에 피워낸 미소

연인의 도시 북해도

꿈인 듯 절경에 취했던 날

장가계 그 비경

요세미티 국립공원

산호섬 푸켓

원한의 만리장성

멀라이언meyion의 힘

그랜드 캐니언 그 불모지

광활한 사산死山
수천만 봉 기기묘묘한 지형地形으로
꿈 같이 펼쳐진 무한대의 불모지에
어안이 벙벙하고
생소한 넓은 지형에 놀란 함성들뿐이다

인간의 욕망이란 정복이던가
멀리서 바라보기도 벅찬
죽음의 검은 땅을
노새 등에 얹혀 애써 오르는 수많은 객
미동으로 아물거림이 개미떼 같다

Colorado강 쪽빛 물결 허리띠로 두르고
나신으로 벗한 이십억 년 세월
덕지덕지 걸쳐 입고
애리조나 북서부를 통째로 포용한
기막히게 거대한 죽은 땅이여

하늘을 독차지해 이고선 듯한
수만 개의 기묘한 산봉우리들

사철을 태평성대인 양 버티어 서서
비바람 맞고 노을빛 받으며
언제까지 별천지로 이어져 가려나?

돌 무덤에 피워낸 미소

석공의 재능과 힘으로
바윗돌에 미소를 피워낸 앙고르왓
힌두신화의 제자인 왕 위해
수천 명이 수십 년 흘렸다는 비지땀의 결실

돌 틈에 더덕더덕 매달린 세월
이끼 새로 스며나는 왕실의 향기여
성전에 걸터앉아 무엄하게 뿌리 내리며
역사를 좀 먹는 벵골 보리수나무

히말라야 정상의 상징물인
삼 층 중앙탑 더욱더 장관이라
인력의 한계는 어디쯤일까
저승 간 석공들 넋두리 들려올 것만 같다

성벽 사면에 줄 이은 갖가지 회랑
어쩌면 저렇게 깔끔하고 정교할까
시대를 거슬러 깨우쳤던 돌 성전의 공법
불가사의 실체 앞에 고개 숙인다.

연인의 도시 북해도

연인의 도시 이곳에 와서야
내 인생을 반추해 보는 오늘 같은 날
오타루 운하 유유한 흐름에
무거웠던 세월
앞만 보고 달려온 삶 대해로 띄워 보낼까

손잡고 모여든 만방의 연인들은
욕정이 용트림치는 활화산 같은 이 도시에서
설레는 마음 달콤한 입맞춤으로
추호도 후회 없을 멋진 기억 남길 테지

예술의 곳간 문화의 도시
얼굴색 다른 만인들의 즐거운 쉼터엔
호수 베고 누운 산들 유황 물 쏟아
하루의 피로 풀고 가라는데

오늘의 축복이 버거운 이 시간
이국의 서산마루 노을 사이로
유성 하나 또렷이 눈 맞춤한다.

꿈인 듯 절경에 취했던 날

대해에 줄지어 떠 있는 섬! 섬! 섬!
그 위 살짝 걸친 운무를 비추는 찬란한 태양이여
수천 개 섬이 앞 다투어 숨바꼭질하는 곳
두 눈 있어 이 정경 볼 수 있음에 행복하여라

바다가 대나무밭, 섬들은 죽순인가
억수 만년 역사가 품어 안은 대자연의 걸작
하늘의 축복인양 둘러싼 돌 병풍은 파도를 삭히며
숨죽인 물결 되어 태평성대 지켜 왔으리

겹쳐지고 흩어지며 끝없는 섬들의 행진
떠돌다 유람선 멎은 자리 티토프 전망대 섬
돌계단 올라 내려다본 여기가 진정 금상첨화인가
나 또한 축복 있어 네 품에 안기어 봤나 보다

낙조의 아름다움이 하늘과 바다와 섬을 어깨동무하고
남쪽 하늘가에 하루가 모자라 허기진 시월 열나흘 둥근 달
오! 한 하늘에 떠있는 해와 달의 랑데부여
바다 속까지 붉게 물들인 황혼이여 달 그림자여

일흔 해 묵은 찌꺼기 실타래 같이 풀어내고
신선인 듯 가슴 속속들이 채워 넣어 지워지지 않을
세계 속의 볼거리 베트남의 자랑이여
하롱베이 그 절경이여! 비경이여!

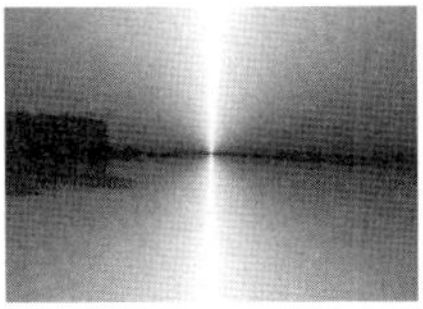

장가계 그 비경

오! 조물주여
어쩌면 이런 산수화를 내리셨나요?

대자연의 불가사의한 경치에
이렇게도 가슴이 뛰고 울렁거릴 수가

죽순 밭 천배 만배 튀겨 놓은 듯
간격 벌려 독립된 수만 개 산과 협곡

내 마음 한 마리 새 되어 봉우리 오가고
또 한 마리 다람쥐 되어 수천 길 오르내리며

비경에 취해 심신은 허공에 뜨는 듯
환희에 겨워 후들거리는 이 다리는 또 어쩌랴

내 영혼은 지금 혼비백산
산과 협곡 주름잡는 넋 잃은 곡예사 되어

아스라이 기억 멀어지는 날까지
꿈길에라도 오가면서
그림 같은 여기에 머물고 싶어라.

요세미티 국립공원

하늘 치솟은 수목
몸 둘레 겨루는 바위들
쪽빛 강물들 합류하는 요세미티벨리
뽑힌 고사목 삼백 년 원상태로 뉘어 살피는 곳

좌측서 앨 캡틴 바위 풍채를 뽐낼 때
우측 면사포 폭포엔 안개 같은 물보라가
수줍은 듯 하늘대며 미끄러져 내려와
머세드강 속에 숨어든다

노우수돔 등 돌리면 하프돔의 거북 등
버어날 폭포의 폭넓은 물기둥도
뒤돌아 발길 옮긴 미러호수 고운 물엔
이들도 정다운 듯 가지런히 드리웠다

수목! 바위! 폭포! 강!
어디에다 눈길 맞추어도 신비로운 곳
우리의 새마을 큰 지도자께서 감탄하셨다는
세계 속의 그 비경! 영원하기를.

산호섬 푸켓

뱃전에 몰려드는 고기떼 헤집고
피피섬 거쳐 산호 가루 널려 있는
푸켓섬은 아름다워라

야자잎이 손짓해 맞아 주는 고운 해안
뽀얀 산호모래에 전신 묻어 맡겨 두고
근심도 걱정도 살며시 벗어 던졌다

하늘과 맞물린 광활한 대해엔
뭉게구름 두둥실 널리어 떠다니고
저 먼 해안의 파도는 세월을 삼킨다

하늘이 내려놓은 아름다운 쉼터
보트에 몸 실어 팡아만 질주하며
이구동성 힘찬 노래 "바다로 가자"
목청이 아프도록 불러 댔었지.

원한의 만리장성

중국 변방 흉노족은 아는가
처자식 뒤로하고
인력으로 동원되어
통한의 세월 딛고
천릿길 돌담 쌓으며
삭신의 아픔 묻은 성의 의미를

살을 에는 찬 바람
시름 섞어
온몸으로 감당하며
굽이굽이 산자락에
삼십여 만 명이
십여 년에 걸친 역작

수많은 가정은 가장 앗기고
세월을 삭였을 긴 한숨들
산 이슬로 져 간 석수들의 피눈물
얼룩으로 응고되어
성은 말이 없고
세월은 바람 속에 흘렀을 것

유네스코 세계문화유산 기록은
그 백성 땀방울로 엉기어
긴긴 세월 구름과 벗하며
산 등성이에
미로처럼 한을 엮어 시위하듯
오랜 세월을 베고
길게 드러누운 성을 보았네.

멀라이언meyion의 힘

플라턴호델은 야경으로 찬란한데
그를 등진 meyion의 상像은
몸통은 비늘로 된 고기요 머리는 사자
입으론 강물을 쉼 없이 토해 낸다

강 표면으로 폭포수인 양 쏟아지는
우람한 물줄기는 포물선을 그려대며
싱가포르의 상징으로 버티어 서서
거센 힘을 뽐낸다

인어인 듯, 선녀인 듯, 사자인 듯,
만고의 정체불명 앞에
뭇 여행객은 플러시 세례를 퍼 붓는다

그 형상에서 정면으로 응시하면
두리안을 닮은
에스플러네이드 공연장이 볼거리이기도

멀라이언아, 너는 어이
앞에서 보나 뒤에서 보나
세인의 눈에 명물로 떠오르는가

세계인의 시선을 모으는 힘
싱가포르를 세계에 알리는 힘
만인의 사진기에 쉴 새 없이 담기는 힘
마력의 힘! 힘! 힘!
멀라이언의 힘이여!

5부

더불어 사는 삶

낙동강 문학 창립 두 돌에
유정한 우리 종반
캠퍼스에 핀 할미꽃
경북대학 통일시민대 제4기 송년의 밤에
초등학교 동기생 모임
인연
은사님 초빙했던 날
회상
추억의 사진첩
비 오는 날의 향수
분단에 우는 노심老心
통일의 그날이 오면
세월의 무게
구치소에서 만난 선량한 그 여인
사경四更의 고요
세월
임 오시려나
아침의 산책
품바의 하루
묵향

낙동강 문학 창립 두 돌에

청백리 문학
일상충실 문학
자아발전 문학
삼대지침의 기치 아래
마음 다져 출발한 지 어언 두 돌

여울져 흐르던 고운 물줄기는
이제 발전을 거듭하며
한국시민문학협회 낙동강 문학으로
격정적인 큰 물결 이루었으니
명성 드높고 위풍도 당당하다

불길로 번져가는 시혼은
임진각 평화 누리 공원에서
북녘 하늘 향해 통일 염원 외쳤고
무주구천동 대자연의 품
대구 앞산 공원 등산로
마산 3.15의거 오동동 문화의 거리로
열정의 깃발 되어 펄럭인다

다져진 바탕 위에 쉼 없는 노력으로
내 안에 잠재된 시심 갈고 닦으며
영롱한 옥고들 차곡차곡 쌓아
한국문학사에 큰 흔적으로 자리매김하며
우리들의 위엄한 기세는
언제까지나 멈추지 않고
거세고 도도하게 흘러갈지니

창립 두 돌
이 기쁜 오늘
우리 모두 축배의 잔을 들어
한국시민문학협회 낙동강문학
창립 두 돌을 자축합시다.
아자! 아자!

08년 7월 19일

유정한 우리 종반

소녀 시절 회상하면
부엉이 서럽게 울던 긴 밤
새끼 꼬아 가마니 짜며
개떡 한 조각 정답게 나눠 먹던 일

보릿고개 아무리 힘겨워도
이팔청춘 젊음에 겨워
깔깔대며 마냥 즐거운 시간 이었어
원지로 출가하며 헤어진 후
삶의 무게에 많이도 눌렸었지

못내 그리워만 하며 산 젊었던 날
간혹 우리 상봉 이루어지면
흑백 필름 거꾸로 돌리며
밤 가는 줄 몰랐었지

오늘 우연히 우리 종반 다 모였으나
서쪽 하늘 하현달로 져간 한 사람
내 오라버니 그립고 보고파
가슴 저며 온다만 인명재천인 걸 어쩌랴

일흔 성상星霜이 하룻밤 꿈인 듯
겨우 인생을 알아갈 즈음인데
나란히 또 일흔 해를 맞았구나

올해를 잊지 않고 기념해 준 우리 남편들
유정의 두 꽃다발 안겨준 우리 종반들
모두의 정다운 사연들 모아

또 다시 만나 담소할 날 위해
건강하고 아름다운 삶 누리며
보람되게 살자꾸나
언제나 유정한 동갑내기 사촌 언니!

캠퍼스에 핀 할미꽃

옛 시절 시리던 한
배움의 허기증 되어
발버둥치는 욕구의 노예가 된다

창공에 빗금 간 세월
후회로 돌아보면
뼈저린 아픔 있어

꿈인 양 찾아든 만학의 전당
손자 또래와 동석한
배움이란 내 안의 반란

하지만 그곳을 밟으며
상실된 나 찾아
혈흔 한 점 남길
어설픈 꽃 피워본다.

경북대학 통일시민대 제4기 송년의 밤에

인생을 꽃에 비유한다면
오늘 이 자리에 모인
평화스럽고 어지신 모습들
참 아름다운 노을 꽃 입니다

보릿고개 견디어 내고
전후 고난 헤쳐 온 세대
억척으로 살고도 남은 열정 있어
만학의 인연 된 제4기 학우님들

우리는 모두 따뜻한 가슴으로
동강 난 조국 어느 하늘 아래 어렵게 살
혈육과 어우러질 통일의 날 소망하며
그 염원의 꿈 함께 꾸어왔지요

캠퍼스 누비던 만학 열에 힘입어
허무와 회한을 물리치고
뜨거운 가슴 정감 어린 마음 열어
둥글게 하나 된 마음들 이지요

여러 학우님!
통일 시민대학 제4기 동기 회원님!
엄 교수님의 열강 함께 경청하던 날 기억하며
사회가 요구하는 작은 구성원 되었음에

동기회 결성 겸, 이천칠 송년의 이 밤을 기해
한 발 더 폭넓게 서로들 포용하며
가슴으로 언제나 통일 詩를 씁시다
동기회원 모두 돈독한 우정을 다집시다.

초등학교 동기생 모임

時空의 벽을 뚫고
동기 동창 오랜만에 해후하던 날
조약돌처럼 수많은 유년추억 쏟아 놓고
공깃돌로 쓸 예쁜 돌 찾듯이 추억 밭 뒤지며
그 밤을 뜬 눈으로 하얗게 밝혔지

보릿고개 허기로 서러웠던 사연
목숨 걸고 떠나던 피난길 고생담
사춘기 그 시절 철없던 돌발 사건들
이야기꽃 피우며 웃음은 한 방 가득
흘러간 노래까지 목소리는 높아갔지

추억 소중함에 너와 나 따로 없어
건넌방 일행들의 바리톤 폭소탄들
인생 중 가장 젊은 날, 이 시간이 좋아
마음 밭 고운 추억 보듬어 갈무리하며
다시 있길 바래보는 오늘 같은 날.

인연

우연이 아니어서
맺어진 인연들이었다면
세월 속에 농익은 정
남기라도 했으련만
노래가 되어 가슴 울리고
메아리로 허공에 사라져 가는구나

허물없이 털어놓고 담소하던 연緣
뚝 뚝 낙화로
져 가단 말인가
노적가리로 쌓여가던
연민憐憫의 정 또 한
는개로 내 마음에 젖어 오는구나.

※ 는개 - 안개보다 조금 굵고 이슬비보다 조금 가는 비
※ 詩作노트 - 서로의 감성을 허물없이 털어놓고 정담을 나누던
인연들이 우연한 계기로 흩어지던 날......

은사님 초빙했던 날

"빛나는 졸업장을 타신 언니께"
이 날 이후로 흘러간 시간 모아
오십 년 하고도 칠팔 년 더 얹어
새신랑 고우셨던 선생님을 초빙했던 날
지난 기억들이 실안개 되어 가슴을 채웠지요

지난해 산수를 넘기셨다는 은사님과
고희를 넘나드는 일흔 살 전후 제자들이
함께 자리해 회상에 젖었던 시간
각가지 사연들 털어 놓으며
그 시절 이야기로 추억 꽃 피웠지요

육 학년 가정방문 나가셨다 들리신
순이네 집은 부모님이 들에 가시고
반 학생인 순이가 고사리 손으로 손수
꽁보리밥 점심을 차려 드리더란 옛 얘기며
초임지의 첫 졸업생인 우리를 보내시고
강당 뒤뜰에서 한없이 우셨다는 선생님 말씀

6.25로 학교가 전소 되어 정자에서 수업한 일
선생님 신혼방 비워 수험생 지도실로 쓰셨던 일
재래식 화장실에 초경의 장밋빛 사건
우리들의 이야기는 시간 가는 줄 몰랐고
사제지간 십 년 차 세월의 폭도 잊은 체
꽃답던 시절을 반추하며 아쉬워도 했지요

그때 그 즐겁기만 하던 날 어제인 듯한데
사제지간의 청춘들을 싣고 달려간 세월
야속하다 말할까요? 무정하다 탓할까요?
아니요 정말 아니지요
여생에 제일 젊고 건강한 오늘을 위해
아름다운 황혼 꽃으로 만족할 때입니다

선생님은 언제나 저희 마음속에
영영 꺼지지 않는 등불이십니다.
언제나 강녕하시고 행복하게 지내십시오.

회상

거짓 없이 멎은
삶의 그림자
꿈인 듯 달려온 내력이
기억 저편에서
실개천을 건너고
종달새 우짖는 황금 들녘 내 달린다

보릿고개 섧던 허기
시집살이 맵던 속내
불혹의 생채기가 달무리 넘은 지 오래
인생의 여정들은
세월 속에 삭여 온
일흔 성상星: 霜이 모두 춘몽이런가

쪽빛 하늘 정수리에 이고
마음 비우고 씻으며
기억 쓸어낸 티 없는 빈자리에
화강석 깔고 앉아
꽃 피면 즐겨 웃고
새 울면 더불어 노래하며
마냥 그렇게 편하게 살리라.

추억의 사진첩

꿈속 터널인 양 달려온
삶 안에 단맛 쓴맛 실체를 담아
회상의 시야에서
진솔하게 내미는 꾸밈없는 모습들

백학의 자태인 내 어머니는
스물여덟 꽃답던 시절부터
철부지 우리 오누이만 바라보시며
고독의 화신이신 뼈아픈 흔적이

불혹의 나 풍파 속 찌든 영상
시나브로 풀어오며
몸에 밴 근검절약으로
일구어 온 잔잔한 미소들

세월 딛고 살아온 용단의 길
험로 넘던 인생 고개
아련히 되짚어가며
추억에 잠겨 함께 울고 웃어 보잔다.

비 오는 날의 향수

빗줄기에 묻어나는 아련함
앞집 흰 연기
감자 삶는 냄새로 피어오르고

보릿짚 타닥타닥
뒷집서 콩 볶는 냄새
앞뒷집 모인 자리 군것질 부패

툇마루 밑 멍멍이 모녀도
외양간 누렁소 모자도
모두 함께 음미하며 즐거웠지

옛 고향 장마철은
초가지붕 낙숫물 소리마저
인정으로 꽃 피던 그리운 고을.

분단에 우는 노심老心

고향 잃은 동족이
떨리는 발길, 은발 머릿결 날리며
반세기 헤집어
일자서신 전화 한 통화 못 나눴노라고
눈물로 써 내린 한 쏟아낸다

삶의 끝 언제일지 몰라도
결코 그날 까지는
고향산천에 묻히고 싶은 뼈의 울음이
목청이 찢어져라, 절규하던 날
임진강 넘나드는 철새도 구슬피 울었으리라

다리 하나 못 건너
한 치 고향 땅 밟을 수 없었던 한
젊은이보다 더 강렬한 목소리 되어
북녘 산자락 울리도록
외로웠던 육십 여년 토해내며 외쳤으리라

누가 막고 허물지 않아
헤어진 가족 오매 못 잊어

눈물로 쓴 시詩 낭송하며
백발 실향시인 울부짖어야 한단 말인가
만인이 천추에 남은 한 풀어지도록
지혜 모아 하루바삐 이루어야 할
오직 이 나라 통일이어라.

통일의 그날이 오면

세월은 뒤틀려 반세기 가고
산야는 탄식의 살을 비빌 때
동족은 가슴마다 통곡을 삼켰으나
낙동강 압록강은 순리로 흘렀다

한을 삭혀오며 혈육은 끌리어
한지韓紙에 물 스며들듯 서서히
남북은 응어리 녹아 일심一心 되어 가니
기필코 통일은 이뤄지리라

그 통쾌한 환희의 날 오면
품어내자 토해내자
우리는 한겨레 한 핏줄이라고
부둥켜안고 세계를 향해 외쳐대자
대한 통일 천세 만세를.

세월의 무게

불혹 지천명
그와 시름 한지 어제 일 같은데
내 삶의 시린 등 뒤엔
날개가 달렸었나 보다
나도 몰래 찾아든 일흔 해가 낯설다

등 돌리려는 시간
동여매지 못하고
결대로 따라 흐르다 문득 떠오르는
일그러져 가는 내 모습이
거울 앞에 서성거림에

달려가는 세월
망각忘却의 시간을 토악질 하며
멍하니 시선 머무는 벽면엔
시계의 초침이 내일로 건너고
올해 마지막 달력 또한
낙엽 신세 예감하듯 서럽게 걸려 있다

오늘이 떠나고 난 뒤에도
희망의 태양은 솟을지니
덩달아 연륜 하나 더해가며
세월의 무게로 나 머물러 가리라.

구치소에서 만난 선량한 그 여인

언덕 아래 벽돌집 어느 방
가슴에 손 얹어
심장의 고동에 귀 기울이고
쓰라린 마음에 호소하며
눈부신 태양을 한없이 그리리라

삶이란 거대한 숙제 앞에
앞뒤를 가릴 수 없었던 날이 아파
창 너머 마주한 그녀의 얼굴
부어오른 눈두덩 아래로 참회의 눈빛
주어진 오 분으로는 할 말을 잊었지

등 넘어 언덕배기 자기 집인데
사경에서 구해 놓은 남편 바라지도 못
벽 안의 세계는 흑일까? 백일까?
창공에 빗금 그은 비틀어진 세월
풍랑에 띄운 돛단배인 양

기막힌 삶의 잔재 벗어 놓고
한 줄기 따사로운 햇살 그리며

차라리 더 숙성된 삶 설계하리라
다부지게 속마음 채워가면서
이곳 생활 참아 내는 힘

이미 저질러진 일 어쩌랴
다시 태어나는 산고를 달게 치르고
더 성숙해진 꿈 키우며
새 설계로 내 딛는 걸음걸음
행복으로 설계할 온순한 여인이여.

사경四更의 고요

삶에 지친 하루가
정적靜寂에 몸져눕고
세상이 잠들어 숨죽인 시간
적막이 심심해
고막 속 들어앉아 아우성이다

이 시각도
지하도 어느 한 모퉁이서
싸늘한 고요 한 자락 펼쳐 덮고
수족의 아픔 씹어 삼키는
노숙자 있으리란 생각에
오금이 저린 밤

허허로운 마음속에
만족도 불만도 두루 주워 담고
영혼의 소리 받아 그리는
내 벗 자판기 칸마다
이 밤의 고요를 다독이며
시상의 오솔길에서
여명을 맞으리라.

세월

오늘이 삭신을 앓아
또 하루를 잉태하는 자정
어둠 저 끝자락서 조심스레 오는 가을
귀뚜라미 등에 업혀
조석 서늘한 바람 옷소매 스친다

계절아 오려거든
연륜 하나와 낙엽 지움은
갈바람에 거두고 풍성함으로 와다오
만산홍엽이 곱다지만
져야 할 운명의 시작인 것을

지겹던 불볕더위 간다 해도
아쉽게 느껴짐은 내 생도 묻어가기 때문
철이 오면 세월 가고
뒤따라 백발 오니
이럭저럭 인생은 유수일레라.

임 오시려나

하염없는 기다림
임 오는 길목
소생을 잉태한 계절
실비 젖은 토양은
미소로 들썩이고

삭풍에 시리던 가지 끝에
오묘한 생명의 시작
실개천 언저리
텃밭 울타리 밑
보리밭 이랑에 숨었던

새봄이 앙증스레 달려와
상큼한 꽃소식
향기로 가슴 채우면
매섭게 추웠던 아픔일랑
고스란히 그 품에 묻으리.

아침의 산책

이슬이 졸다 간
촉촉한 산길
삼삼오오 벗하며
발걸음도 가볍다

오솔길 옆
입 다문 달맞이꽃
선잠 깬 청설모가
열어 가는 새벽길

건강을 기약하며
체력 다지는
산책길은 모두
충전의 시간인가

오라는 이 없어도
스스로 나선 산책
일생 동반자와 걷는
활기 찾아가는 신성한 길.

품바의 하루

망나니로 등장한 인생 무대
일그러진 모습 이채롭다
청춘 한 조각 창공에 벗어 걸고
허기지도록 망가져 보는
그들은 생존의 곡예단

시린 하늘가에 원성 토해
인생살이 편린 주름잡으며
아낌없고 힘차게 타악기 두들김에
그네들 등 너머로 오가는 엿 바구니
인생의 희비를 가늠이나 할까

삐에로가 된 분장에 어울리게
타고난 끼 남김없이 발산하려
온 정열 바쳐 협동 단결하는데
흑백으로 짝 지워진 낡은 고무신
뜯어진 바지 틈에 젊음이 조는구나.

연기자 되고 연출자 되어
인생길 억척으로 달리며

오늘은 장터 내일은 후미진 공원 길
하루하루가 바쁘다는
그들은 선택받은 삶의 개척자.

묵향

오랜 세월 그리던 그
어느 날 살며시
그대 곁에 와 서성이네

곱고 예쁜 형태 없이
오로지 검기만을 고집하며
그윽하고 친절하게 다가와

고고한 향 속으로 이끌고
선비 정신 닮으라
묵 연으로 인연 맺음에

마음 다스리는 보람
서화로 꾸며보는 삶
세인의 사랑 그 속으로

살며시 젖어드는 묵향이여.

노을 꽃에 새긴 삶의 노래

문 병 란
(시인, 前 조선대교수, 서은문학회장)

1. 거울 속의 여인

어느 날 거울을 보니 거기 한 늙은이가 있다. 60년 전 보았을 때 그는 분명 단발머리 귀여운 소녀였을 것이다. 어머니의 눈에 띄었다면 분명 꾸중을 들었을 것이다. "니 거울 앞에서 뭐 하노?" 무슨 죄나 지은 듯이 화닥닥 놀라 두근거리는 가슴을 안고 그 자릴 급히 떠났을 것이다.

2010년 21세기 칠순에 접어든 황춘자 시인은 거울 앞에서 그래도 곱게 늙은 한 노인 할머니를 만나고 있다. 누구 말마따나 '먼먼 젊음의 뒤안길에서/ 인제는 돌아와 거울 앞에 선 누님'이 아니라 '할머니'인 것이다.

「유성같이 스쳐간 세월/ 늘 함께 했던 못난이가/ 세월의 흔적에 눌려/ 서릿발 정수리에 이고 내 앞에 섰네」

〈—거울 앞에서— 제1연〉

거울 속의 자아에 대한 관조와 연민이 담담하게 나타나 있다. 일종의 자아 성찰이 담긴 자화상적인 시이다. 모든 문학은 자기 자신에 대한 표현 본능에서 시작된다.[1] 자기 이야기 보다 관심 있고 흥미 있고 진진한 것이 어디 있겠는가. 시든 소설이든 수필이든 예 외 없이 그것은 모두 자기 자신을 주인공으로 한, 한 인간의 삶의 얘기 개인사인 것이다.

〈부부〉 〈그이의 죽마고우〉 〈동창회 날〉 모두 자기 고백적 제재이다. 시는 주관적 하자로 말하고 소설은 객관적 인물로 설정 거기에 자아를 투영하여 스토리로 전개하고 운문과 산문이란 형식적 차이이지만 자아의 확충과 이념화 그 개인사적 진지한 리엘리티의 구현이다.[2]

오늘 하루 티 없이 살아
내 삶의 이랑에 결실을 보고
嶺 너머로
자유롭게 오가는 솜털 구름처럼
한껏 마음 가벼워 오는 날은
시리도록 화사한 연시 빛 서녘 하늘가에

---

1) 문학의 발생을 본성본능에둔 학자들은 自己表現本能(Self-expression instinct)에서 찾고 있다. 특히 시는 자신을 話者로 한 주관적 형상화란 점에서 더욱 그러하다.
2) 문학이란 현실체험을 제재로 하되 그것을 아름답고 진실하게 언어로써 표현한다는 점에서 하나의 창조이다. 아름다움(beauyy)은 곧 진실(fruth)로 이 두 가지가 진지한 고뇌를 거쳐서 융합된 것이 시적 진실(reality)이 되는 것이다.

진실한 하루를 여미어가는
아름답고 고운 한 점 노을이면 좋으리

여일하지 못했던 오랜 삶 속에
바람같이 속절없던 각가지 사연들
주섬주섬 주워 모아
긴긴 파란
오직 침묵으로 승화 시켰으리

이제 여생은 내 안의 나를 찾아
아름다운 일생을 여미어 가면
와인 그라스처럼 산뜻한 창가에
고은 한 점 노을 꽃 피어 있으리.

〈—한 점 노을 꽃 되고 싶어라— 전문〉

이 詩는 이 시집의 취지 성격 그의 생각 모두 아우르고 있으며, 장차 이 시집을 펼치는 데 '序詩'로[3] 보아 무방할 것이다. 하여 필자는 「노을 꽃에 새긴 삶의 노래」라 제하여 종심의 노래를 감상 비평해 보고자 한다. 노을 꽃, 황혼기의 서정, 평이한 메타퍼지만, 칠순의 나이에 펴내는 서정이 발효식품 같은 깊은 맛을 지녀 메니큐어 칠한 손이 아닌 '풀물 묻은 손끝이 빚은 고향 냄새' 정겨운 어머

---

3) 序詩. prologue처럼 시집 첫머리에 놓아 그 시집 전체의 성격을 암시하는 시. 윤동주의 「하늘과 바람과 별과 시」의 '序詩'는 유명하다.

니 할머니 냄새에 젖어보는 향수의 노래 귀소의 노래 장차 실낙원의 세대에게 복락원의 살가운 흙냄새 풋풋한 들꽃들의 속삭임을 엿듣고자 한다.

종연에 나타난 '내 안의 나를 찾아' 자아의 내면 성찰, 현 의식만이 아니라, 자의식이나 심층세계까지 파고드는 현대시[4] 다양성까지를 생각한다면 거꾸로 돌리고 싶은 생명시계의 무상이 더욱 사무칠 것이다. 그러나 고령의 나이를 아랑곳 않는 그의 낭만은 '와인 그라스처럼 산뜻한 창가'라는 회춘의 연정마저 느껴지며, 그곳을 배경으로 한 황혼기의 난만한 서정시 '노을 꽃'을 피우겠다 염원하고 있다.

2. 탕 안의 여인들

꾸밈도 걸침도 없으매
여기는
날개 없는 천사들 뿐
물방울 또르르 구르는 몸
아기 안은 엄마

---

4) 반체시 다다이슴(dadaism)이나 주관적 주지주의인 초현실주의(Sur-realism)에서는 잠재된 심층세계 무의식까지 파고드는 자동기술법까지 주장하여 난해한 시가 등장했다. 우리나라에서도 1933년대 李霜의 「烏瞰圖」는 그러한 작품의 예가 된다.

더욱 아름다워
승천이라도 할 것 같은
모녀 또는 모자
생명의 신비
온탕서 갓 나와
발그레한 고운 몸에
안겨 있는 아기
다독이는 아기 엄마
어느 미술 전시관에
저 숭고한 산 작품 있을까?

노모님 씻기는 중년 딸
아기 씻기는 새댁 엄마
손놀림도 고우니
천사의 욕탕인가
오~아름다워라
뽀얀 증기에 가리어
가식 없고 빈 손이라
탕 안 모두는 선녀인 것을.

〈—탕 안의 여인들— 전문〉

신이 창조한 것들 중 가장 아름다운 것이 무엇일까? 꽃? 여인? 아기? 새? 모든 자연이나 인간 지엄한 영기 감도는 신선한 아름다움이지만 굳이 순서를 매기라 하면 옷 벗은 이브나 그의 아기가 아닐 것인가? '사람이 꽃보다 아름답다'는 시인 가수의 노래가 아니라도 만물의 영장 중에서도 아담의 짝 이브와 그의 아기에게 돌려 무방할 것이다. 더구나 그 부끄러운 데를 처음 일깨워 아담을 취하게 한 저 낙원의 첫사랑 그 '러브 어페어'를[5] 떠 올린다면 피카소의 추상화속에 숨은 여체나 어느 화가의 매혹적인 누드 전시장 만큼이나 눈부신 생명감의 절정에 취할 만하다. 금남의 욕탕 그래서 더 싱그러운 비너스의 나신들 아포로디테의[6] 균형잡힌 몸매를 황춘자 여사의 그 취한 눈매 가슴츠레한 시의 샘물 시새우고 남음직하다.

시란, 예술이란, 바로 이 생명예찬 생명의 재현 바로 그것이다. 말로 그린 순결의 누드화 시기도 질투도 물안개 속에 녹아버리고 육체가 없는 신이나 천사들도 부러워할 낭만파 인상파 함께 어울릴 그 속에 화자는 자신을 깜빡 잊고 예찬에 취해 있는 듯이 보인다. 아담에게 물어보아야 하겠지만 그토록 아름다운 완미 그것이었기에 사탄의 유혹엔 항상 약한 것일까? 여인에 의한 여인 예찬 아담이 참여할 수 없는 그 전시장의 눈부심에 축하를 보낼 뿐이다. 그러나 세기의 명장 어느 대리석 조각가는[7] 그 정을

---

5) 구약성서 창세기에 나오는 인간창조 신화, 최초의 사람 Adam을 창조한 후 그의 늑골을 취하여 짝 Eve를 창조. 에덴동산의 금단의 과실을 따먹지 못하게 했으나 Satan이 뱀으로 변신 접근하여 그것을 따먹게 함으로써 애욕이 생겨 사랑하게 됨. 그래서 낙원을 잃고 추방당함.love affair.

6) 그리스 신화에 나오는 미의 여신(Aphrodite. 로마에선 venus)으로 세상의 모든 美女를 관장하는 여신이다.
Eros 남신과 더불어 청춘 남녀에게 사랑이란 병을 앓게 한다.

7) 프랑스의 조각가 로뎅은 지옥문의 「생각하는 사람」 「接物」 등의

놓으며 이브보다 더 완미한 미는 아담의 성숙한 근육이었다고 갈파하였음을 귀띔 해 주고 싶다. 이런 생명 예찬은 여인에 그치지 않고 바로 그 눈을 꽃나무에 돌리고 있다. 여러 가지 자연친화적 그의 탐미적 눈길은 한 송이 석류꽃을 택하여 에로티즘의[8] 인상화를 또 완성해 놓았다.

남새밭 한 모퉁이
이년 생 석류나무 초경을 한다
단 한 송이 진한 핏빛 꽃을 매달고
수줍은 작은 몸 홍안이 되었다

이듬해면 향기로운 몇 송이를 피워서
벌 나미 유인해 정사 치르고
복주머니 씨방 터뜨리며
새하얀 이빨 드러내고 활짝 웃을까

어린 나무에 피워낸 오직 한 송이
너의 환상은 신맛이 되어 한 입 가득
이듬해의 알찬 수확 기다려 보며
앙증스런 널 영상으로 남긴다.

〈—한 송이 석류꽃— 전문〉

유명한 대리석 조각을 남겼는데, 完美한 육체미는 여성이 아니라 남성이라 하였다.

8) Eroficism: 사람의 육체 관능적 표현을 통해 예술적 미감을 표현하는 것. 상업성에 의한 포로나성 소설 등은 퇴폐적 색정적으로 흘러 위험하다.

석류나무를 마치 숙성해 가는 딸 아이 보듯 그 비밀한 성숙을 엿보듯 초경을 돕는 모녀간의 은근스러움이 들릴락 말락 아담 몰래 귓속말로 타이르는 비너스의 밀어에 취함직하다. 호치단순의 그 씨방 터뜨리는 신방의 비밀쯤 깨우쳐 주듯, 벌 나비 청하는 그 대목은 춘향모 설매 귀공자 사윗감 이도령 꾀이듯 은근한 모녀의 술책만 같아 한국적 신방 차리기 에로티시즘의 서정이 감칠맛 난다. 남새밭 상추 사운사운 물 내리듯 그 옛날 대가 집 새 색씨 고운 오줌 받아먹고 크는 그 푸른 잎새 처럼 선덕여왕 바늘귀만큼이나 은근스러움이 손끝에서도 사운거리니 그 미감 예삿일이 아닌가 싶다.

지난봄을 미소로 열어주던
샛노란 꽃망울 흔적 감추고
다산多産의 아픔 딛고
윤기 잃은 잎 갈색 되어 처져 있네

허공으로 날려 보낸 무수한 포자
어디에 들 자리 했을까
터 잡고 싹 틔우는 소리 듣고파
잎마다 청각인 듯 사방으로 뻗었구나

이듬해 남풍이 잔설 녹일 즈음
오는 봄 길녘 남 먼저 피어

아지랑이 실눈 위로 분신 자태 엿볼까
가을 들녘, 초췌한 어미 민들레야.

〈—가을 민들레— 전문〉

詩에도 나이가 있다. 황춘자 시인의 시는 시적 골격(Pattern)이 완벽하고 그 시상의 깊이가 중량감을 지니고 있다. 從心의 나이에 시를 쓴다는 것 그것은 인생의 승리이자 장엄함이다.

〈가을 민들레〉 老年期의 자아를 투영했음직한 제재이다. 다 알듯이 민들레는 早春에 피는 봄꽃이다. 잔디파들은 그것을 독초나 잡초로 여기지만 시인들은 봄의 선구자 계열의 여러 꽃들(매화, 살구꽃, 제비꽃, 진달래, 개나리) 등과 함께 이른 봄 산과 들 아무데서나 보게 된다. 심지어 보도블록 틈새나 담벼락 밑에서도 한 뼘의 흙만 있으면 뿌리를 내리고 핀다.

무슨 신들린 多產性 꽃 귀신 혼령이 꽃으로 화한 것인지 모르겠다. 서양의 어느 골프장 관리자는 잔디보존을 해치는 이 봄꽃, 봄의 狂女만을 죽이는 농약을 만들어 뿌린다니 봄꽃에 정을 둔 우리로선 반감을 가지지 않을 수 없다. 이 질긴 생명력을 가진 民草 민들레를 소재로 명작을 남긴 시인은 서정주 미당이 있고, 근자에 소생도 「민들레 타령」이라고 흉내를 내본 적이 있다. 황춘자 시인의 경우는 그 계절을 바꾸어 〈가을 민들레〉라 하였으니 파격적이고 이색적이다. 지구 온난화 현상 때문에 꽃들이

제 시기를 잊고 아무 때나 히는 현상이 있어 사람이 미치는 것처럼 꽃들도 조금 실성한 것이 분명하다.

아무튼 〈가을 민들레〉를 제재로 택한 황춘자 시인은 독특한 정서로 그 꽃을 다독거리고 있다. 그것은 분명 자화상적 지신의 투영으로서 민들레를 빌어 자신에 대한 연민을 피력함일 것이다. 자신이 낳은 그들 모두 어디에 가서 명년 봄을 기약 하고 안착했는지? 어미 민들레에게 보내는 애절한 연민가 일종의 엘레지가 분명하다. 요새는 산아제한 없어도 부부가 공동 직장 생활 봉급을 배로 벌면서 1.8명, 두 명을 못 낳는다는데, 가을민들레에게도 부끄러울 일이다.

〈고로쇠 수액〉 가을 민들레에서 보여준 연민의 정이 이 시에서도 그대로 이어지고 있다. 범애적 휴머니즘의 시정신이 아닌가 한다. 지구는 삼라만상 모든 생물들이 공평하게 살라고 있는데, 만물의 영장을 자처하는 인간들이 독점 개발하고 모든 자연을 정복, 파괴의 경지에 이르고 있다. 이에 대한 비판의식이 범애적 자연 친화사상으로 나타나 있다.

상현달 그림자를
수채화로 옮겼던가

설한풍 견디어 낸
앙상했던 가지 위에

꽃샘추위 마다치 않고
수줍게 피워낸 꽃

새봄의 알림이
백목련의 순결이여

세파에 더럽힐까
이른 낙화 섧구나.

〈—백목련— 전문〉

2행시의 형식적 패턴은 전통적 가락을 선용하면서도 자유시의 형태미를 잘 뽑아내고 있다.

청록파 이후 순수시나 향토시의 원류로서 교과서적 내재율로 상존한 바 황춘자 시인의 자연예찬 시 속에서도 그 가락과 사조詞藻를 잘 간직하고 있다.

봄이면 도란도란 꽃 피우는 산
진달래 산수유 매무새 가다듬고
아카시아 꽃 냄새 향긋이 뿌려
산새 무리 불러다 즐거운 노래

여름 산 녹음아래 굽이 진 계곡
물소리로 여울지는 상쾌한 가락에
발걸음도 흥겨이 오솔길 오를 제
은은히 들려오는 암자의 불경소리

가을나무 예쁘게 색동옷 갈아입고
예 와서 놀다가라 오색 찬란 고운 손짓
쉬어가는 등성이 단풍 사이로
다람쥐 알밤 찾아 겨울 채비 바쁘다

칼바람 설한풍에 애처로이 나목 되어
푸른 솔과 조화롭게 눈꽃으로 단장한 몸
남풍을 기다리며 인내하는 기상이여
봄 구름 살짝 덮인 영嶺을 넘는다.

〈—사계절四季節의 산— 전문〉

고대 중국의 자연파 시인 도연명의 「四時」라는[9] 시를 연상시키는 이 시는 각 연 4행시 구조로써 춘하추동 사계절의 특징을 서정적으로 읊고 있다. 봄은 진달래, 산수유, 아카시아를 근간으로 한 춘경과 춘흥을, 여름은 녹음과 계곡의 물소리 암자의 풍경소리로 산행의 즐거움을, 가을은 오색 단풍의 고운 숲과 알밤 찾는 다람쥐 재롱을, 겨울은 나목과 설화, 영 위에 기상을 자랑하는 푸른 솔의 빼어난 운치를 노래했다. 멀리 아득한 동양의 자연파 「귀거래사」의 한 자락을 빌어다 온고지신하는 고전적 태도는 그 시가 뿌리를 가지고 있다는 정서적 특징을 느끼게 한다.

포스트모더니즘[10] 그 말기적 난잡성 같은 온갖 현대 사

---

9) 陶淵明의 四時 「春水滿四澤 / 夏雲多奇峰 / 秋月揚明輝 / 冬嶺秀孤松」 봄물은 못마다 가득 차고 / 여름구름 뭉게뭉게 奇峰도 많을시고 / 가을달 드높이 밝고 / 겨울산마루 빼어난 소나무여!

조들이 한 결 같이 외래사조 지향적 전통상실의 국제적 미아로 전락하고 있는 이 시점에 조부나 아버지의 성함을 기억하지 못하는 손주들과 과연 소통할 오솔길을 염려함 같이 '낙동강 예찬'과 더불어 히야신스나 아네모네 대신 진달래 산수유 붙잡고 있는 모습 용타는 생각도 든다. 하물며 겨울 산 영마루의 노송의 운치를 말하면 팝송을 부르는 노랑물 들인 도시의 젊은이가 눈길을 줄까? 그러나 할머니 좋아하는 손주가 얼마쯤은 있을 것이라 믿어 필자는 젊은 세대와 황춘자 시인과의 만남을 위한 교량공사장이라 믿고 '자연으로 돌아가라'[11] 이 해묵은 삶의 교훈을 새기고 있는 것이다. 우리 조상은 앵글로 색슨족도 아프리카 흑인 톰 아저씨도 아니고 아리랑 부르는 한민족 일찍이 홍익인간 이화세계 동방 고대문화국 단군왕검이라는 것도 아울러 이야기 하고 싶은 것이다.[12]

---

10) Postmodernism이란 1930년대에 일어난 反낭만적 현대사조를 조부(祖父)쯤으로 생각하고 20세기 중반기에 반기21세기까지 그 손자나 외손자벌 되는 새로운 문예사조 기타 전반적 문화현상(미국중심)을 가리킨다. 대중적 귀위적 조야한 프르노그래피적인 면과 전위적 Anyi적, 고전이나 전통도 거부하는 반시적 해체적 반사실 패러디 페쉬처쉬 온갖 기롱퇴폐 등 기성문화나 문학에 대한 거부적 파괴적 입장을 표명한다.

11) retum to nature 계몽철학자 루소의 말인데, 본성 중시가 강조된 말이다. 산업혁명으로 기계문명에 매몰된 반문명 비판용어였으나, 지금은 오염으로 인한 제반 물질만능 과학만능의 현실에서 생명의 의미를 중시하는 new age 운동같은 입장에서 자연귀의나 낭만성 회복 전원복귀 같은 것을 권장하는 말이다.

12) 지구촌 시대니 세계화니 떠들며 제국주의의 식민지 정책에 의한 분단이나 중동의 전쟁 등이 상존하고 삼변체제(경제대국. 아메리카 일본우럽)의 경제 종속화도 끝나지 않았는데 민족주

「저게 무슨 꽃이야?/ 뒤 따라 가는 이 안개꽃이지/ 옆 사람 아니야 메밀꽃인 걸/ 몰라주는 이 많아도/ 무리지어 피어난 자태/ 안개꽃인 듯, 메밀꽃인 듯/ 호수에 비친 구름 같아/ 가슴 설레게 하는 꽃/」

〈—개망초– 1연.〉

여름이면 산야에 지천으로 피어난 들꽃, 누구 하나 눈여겨 보거나 좋아하지 않는 꽃, 다 버리고 떠나간 고향 지키는 늙은 할머니나 외롭게 사는 과부댁 같은 후즐근한 꽃 호박꽃, 그 여름날의 운치, 꽃 초롱 개똥벌레 그 사연 기막힌 추억도 다 있었는데, 호박이 건강식품 1호라지만, 왜 미운 여자 비유의 보조관념이 되었는지, 며느리밑씻게, 개불알꽃 같은 얄궂은 이름도 있다는 것, 그래도 현대시의 밑천으로 괜찮을 것 같은데, 사람들은 한사코 외국꽃에 눈을 파니 詩人의 걱정은 다른 데 있는 것 같다. 선진국 형 경제 운운하며 혀 꼬부리는 영어권 선호사상, 애 낳는 외국출산여행[13]이 유행이라니 이런 나라 아들 딸 손주 두고 어떻게 눈 감겠어? 이런 속마음이 이 〈개망초〉 시에 숨어 있는 걱정 아닐까? 욕은 못하고 아름답고 진실

의나 민족의식을 낡은 것으로 여기고, 자기조상 부정 같은 외래문화 외래종교 침윤을 경계해야 한다.

13) 망초 개망초도 사실은 외국에서 개화시대 들어온 외국의 잡초라 한다. 그래서 그 꽃이 들어오자 나라가 망했다고 망초(亡草=望草)라 했다 한다. 100여년이 되어 우리의 들꽃 잡초가 되었다. 자리공이란 독초는 번식력이 왕성한데 미국에서 들어온 꽃이며, 지구 멸망의 날까지 살아남을 것이라 한다.

한 시 쓰는 할머니 애처로운 마음으로

「뉘 손길 바라지 않고/ 봐 주기를 바라지 않으며/ 저들의 무대 위는/ 마냥 평화 그 자체다.」

〈-개망초- 끝 연〉

짐작하겠지만 중동 어떤 나라 그리고 휴전선이 있는 우리나라, 가령 여기 사는 사람들이 그 꽃인데, 다른 나라 사람이 와서 그 꽃을 대신 장미나 선인장을 심겠다고 그 땅을 뺏는다면 그 꽃들이 마음대로 피겠는가?

황소개구리가[14] 들어와 우리 이쁜 고기 다 잡아먹고 자리공 같은 독초가 들어와 번식 우리꽃 우리 밀 우리 옥수수 그 씨앗마저 빼앗긴다면 어떻게 될까. 「산 너머 남촌」은 이제 끝장 난 게 아닐까…… 이런 걱정도 할머니, 할아버지 세대는 하게 되는 것이다. 그냥 읽으면 촌스런 시이지만 그 여백이나 여운을 더듬어보면 종자도 버리고 사람도 버리고 쓸만한 손주도 없고 「빼앗긴 들에도 봄은 오는가」 외친 이상화 할아버지도 여간 많이 생각나는데, 그뿐인가 낙동강 우포늪 소중한 칠 백리 민족의 강 그걸 마구 까뒤집어 놓으면 내 고향 안강安康은 어찌 될 것인가?

14) 미국국적이나 영어권 국적을 갖기 위해 해산달에 맞추어 LA, 나 미국령 사이판 하와이 같은데 가서 애를 낳는 망국적이고 부도덕한 행위. 애들도 적게 낳으면서 낳을 때부터 도망칠 생각부터 하는 이런 현상을 어떻게 볼 것인가. 연간 5천 명 정도가 미국 국적으로 태어난다고 한다. 이들이 바로 美親者들이다.

이런 걱정이 이 시 곳곳에 숨어 있음을 본다. 포스트모더니즘 난해 시보다[15] 더 난해한 국토사랑 나라사랑 낙동강사랑 고향사랑 그런 숨은 얘기들이 시집 행간이나 여백에 잔뜩 숨겨져 있다.

〈달맞이 꽃〉 〈까마중〉 〈채소를 가꾸며〉 〈도토리묵〉 온통 채소 나물 먹거리 이야기 더더욱 모르는 건 보릿고개 이야기 7남미 8남매 키운 할머니 옛 얘기 들어보긴 했어도 나 하나 달랑 외독자, 기껏해야 남매 두 명, 왕자 공주 대접 호강인데, 굶는 얘기 할머니 시는 구식이야! 그렇다! 구식이 바로 우리 시의 구원이 되어야 한다. 국적불명 해적판 정서 염색체마저 바꾸고 싶은 이완용이가 다시 살아나는 친일파 친미파 그 얼빠진 손주들에게 어떻게 분단강산을 물려줄 것인가. 도토리는 다람쥐 것이니까 절대 주어오면 안 된다는 산행족의 주장을 감안하면 초근목피 시절 도토리는 사람의 것이라 생각한 〈도토리묵〉 찬양시를 읽는 신세대는 펄쩍 뛸 것이다. 필자는 잠시 심판을 보류하고 다음 장으로 넘어갈 생각이다.

---

15) 미국서 들여온 식용 개구리인데 야생이 되어 박멸령이 내렸다. 이 악마 개구리는 마치 송아지 울음소리 같이 크게 울며 우리나라 개구리 물고기 심지어 뱀까지 잡아먹는 위력으로 생태계 파괴범이다. 광주호에도 번식 했으나 잡아오면 돈을 주어 많은 수를 처치했다.

3. 우리 강산 국토 예찬

일찍이 프랑스의 문예비평가 테느는 문학형성 조건으로 인종, 시대, 환경[16] 등을 들었다. 환경 속에 국토나 자연이 담겨 있을 것이다. 국토란 인종과 더불어 국가 형성의 기반이며 거기에 언어와 문자 역사가 바로 문학작품 형성에 결정적 역할을 하고 있음을 이해하긴 어렵지 않을 것이다.

가) 꽃 무지개 넘실대는 산야
　남녘의 청 매실 농장은
　호미 손, 지게꾼 다리로 살아온
　억척스런 임의 정성이
　진한 꽃향기 되어
　벌 나비인 양 수없이 몰려드는
　동구 밖 상춘객 영접 하더이다

〈-쌍리마을 매화향기 1연-〉

나) 사계절이 칭얼대는 변화무상에
　만인이 밀려와 쉬어간대도

---

16) 시의 난해성(難解性. 難澁性) 시가 이해하기 어렵고 부드럽거나 아름다움이나 흥취를 느낄 수 없는 시인 바, 풍자나 저항의 의도도 있고, 애매모호한 심적 상태나 무의식 세계, 사물의 깊고 오묘한 경지를 노래하여 기존의 시적 조사법으론 이해하기 쉽지 않다. 초현실주의나 상징주의도 그런 경우이다. 이상(李箱)의 오감도도 난해시이다. obscurity라고 한다.

거부 없이 받아들여 머물게 하고
바람 실어 손짓함이 모정 같아서
편히 쉬어가라 가부좌를 틀었구나

〈-덕유산 자락에서 2연-〉

다) 적의 피로 붉게 물들였던 바다
승전의 기쁨으로 들썩였던 파도
모두를 잠재운 조용한 물결 위로
조국의 장대한 축복을 담아
찬란한 태양 힘차게 솟아오르는
산뜻하고 아름다운 이곳 당황포

〈-명장의 숨결 감도는 포구 3연-〉

가히 수십 편에 달한 국토산하 예찬 시 3편의 일부를 열거해 보았다. 1894년 갑오경장 이후 군주시대에서 차츰 민주시대로 옮겨 오면서 계몽주의적인 애국문학으로 그 싹을 틔운 우리의 신문학은 창가나 신체시 속에 먼저 민족주의적 반외세 자주독립이나 반제 항일사상이 담겨 있었다.

가) 에선 광양 청 매실 농장을 수대에 걸쳐 일군 매화 아주머니를 임으로 받들어 예찬했고, 나) 에선 전북의 명산 덕유산의 덕성을 부처님의 가부좌상으로 예찬했고,
다) 에선 한산대첩 당황포의 격전장 임진왜란 당시의 충무공의 장엄한 해전사상 승전고를 울린 역사적 추억을 담았다. 이 외에도 〈몰운대〉 〈아랑녀〉의 정절로 예찬한

〈영남루에 올라서〉〈백운산 문학기행〉 등 명산대찰이나 역사적 유적지 답사 순으로 쓴 시가 아니라 발로 쓴 그의 기행 詩는 관광이나 여행이기보다 조상의 숨결이 어린 국토산하 역사 현장을 찾아가는 애국주의 문학의 한 패턴임을 짐작하고 남는다.[17)]

청계사 누각 끝 목멘 풍경 소리에
번뇌 한 자락 영을 넘고
산사에 고요히 울려 퍼지는 불경소리
등산객 불심 속 향불로 번지는데

솔바람 흩날리는 야산자락
막 터져 나는 새빨간 꽃봉오리
요부의 혀끝처럼 날름거리며
봄바람 품어 안고 정분이 난 게야

열정의 오르가즘 멎은 그 자리
산책로 능선 좌우 언저리로
진분홍 두견화 불길로 타오르면
상춘객으로 몸살 앓을 정겨운 꽃길.

〈-만보 산책로- 전문〉

17) 문학 형성의 외적 조건이지만 어떤 시대, 어떤 민족이 어떤 역사적 환경에서 쓴 작품인가? 결정론적 외적 조건(민족 저항적 항일시 같은 경우)이다. 그래서 직접적 시의 작품형성은 오히려 언어가 열쇠를 쥐고 있다. 사상, 정서, 상상, 형식을 들기도 한다. 우리문학을 국문학, 미국문학은 영미문학이다.

자연을 요염한 여인의 진한 유혹으로 표현하였다. 산정적 누드화로 상업주의와 어울려진 퇴폐적 에로티시즘이 아니라, 한껏 승화된 자연의 비경을 꽃들의 오르가즘으로 형상해 놓고 있다. 하늘의 무지개를 바라보면 가슴이 뛴다는 영국의 낭만파 호반시인 워즈워드의 주장 "강력하고도 자연스러운 감정의 유로"가 더없이 난만하여 이 시적 화자는 종심의 나이를 까맣게 잊고 있는 듯이 보인다. 청춘이나 젊음이 나이와 관계없다는 그 말이 허사가 아님을 이 시는 입증하고 남는다.

평화스런 날갯짓의 수십 종 철새 떼
반신욕으로 흥겨운 수백 종 초목
아가미 가득 행복 여미는 어류들
어우러져 즐거운 지상의 원천이여

〈—공생의 메아리 들려오는 곳— 서두〉

철새의 보금자리 자연생태계의 보고 우포늪의 예찬이다. 요즈음 삽질공화국 별칭이 의미하듯 토건업자들의 트럭타 소리가 개발을 빙자하여 그 자연의 신비와 오묘한 리듬을 깨지 않을까 우려해 마지않는다.

「일상에서 벗어난 영롱한 시심들이여/ 강바람 물보라 바람 한 점 반주 삼아/ 다정한 이야기로 하얀 밤 지새우면/ 진주 같은 시어들 토해낼 수 있을까?」

〈-물금 취수장에서- 일절〉

자연이란 수수억년 걸려 이룩된 하나의 리듬이요 하모니다. 불도저나 트럭타나 삽과 곡괭이로 까뒤집어 되는 일은 아니다. 제방을 쌓고 준설을 하는 정도의 인공을 가하는 것은 이해가 되나 강물에 배를 띄우네, 운하를 건설하네, 과한 진시황적 욕구가 또 하나의 만리장성을 쌓는다 해도 이상적 온난화 현상으로 지구의 기상 이변이 속출하는 이 시점에서 지반을 무너뜨리는 과도한 인공낙원 욕구는 이 순정의 시인을 무척 근심케 하는 것 같다. 거기다 부가가치 이윤추구에도 맞아떨어지지 않는 4대강 살리기 억대도 아닌 천문학적 예산 투입으로 4대강 파괴하기가 되면 어쩔까?

강물 위에 큰 배 띄우고 그 기분을 어떻게 내자는 것인지, 낙동강 칠 백리 굽이굽이 사연도 많고 작품도 많은 그 문학의 요람지, 이호우 시인의 「달밤」도 김용호 시인의 장시 「낙동강」도 조명희의 소설 「낙동강」도 근심되지 않는 것 아니다. 더구나 낙동강의 파수꾼 요산 김정환의 「모래톱 이야기」 그 서민들의 애환서린 삶의 터전이 획일화된 개혁의 잣대나 기계의 아가리로 물어뜯고 삼킬 때, 시인의 시어는 모두 죽어나가지 않을까. 사라진 보리밭 밀밭 노고지리 우지짖고 아주까리 들마꽃 피는 그런 마을 살구꽃 핀 마을은 어디나 고향 같다던 그런 시인들은 어디서 만날까. 우리들 아름다운 황춘자 시인은 속마음 여간 걱정이 많으신 듯하다.

비학산 운주산 그 가운데로
일 급수 기계천 맑게 흐르는
포항 북구 기계
초가집 앞동산에 두견화 피고
실개천 둑마다 찔래 꽃 흐드러지게 피던 곳
출생의 울음 터뜨리며 첫 숨 쉬던 내 고향

넓은들 기름진 옥토
서라벌 옛 정취 사방에 서리어 있는 곳
경주시 안강 양월
양철집 지붕에 빗소리도 요란했고
칠평천 방천 둑을 맨발로 즐겨 걷던 곳
키와 꿈 키우던 여기는 제2의 고향

대구 포항 간 중간 자리 기계
새마을호 날렵하게 내 달리는 안강
사통팔달 뻗은 도로 산업의 수송기지
꿈속에도 그립고 자랑스러운
내 마음의 고향은 언제나 둘.

〈-내 고향은 둘- 전문〉

낙동강 변 어느 들 마을의 아름다운 풍경이다. 사방이 서라벌 향기 서리었고, 통일호 자취 감춘 자리에 새마을 열차 내 달리는 곳, 詩人이 자란 그 정겹고 아름다운 고향과 추억이 개발이란 이름으로 어지러워질까 저어하는 마음이 숨어 있는 고향에 바친 헌가로써 이 장을 마감코자 한다.

4. 내가 본 지구촌

지구촌 시대 경제성장과 함께 경제동물이라 야유했던 일본인의 흉내를 냈고, 곧 뒤따라 중국인들 주자파 집권 이후 외국 나들이가 잦아졌다. 달라 뿌리고 다니는 일본인(요즘 불황으로 근신 중) 나들이 줄고 우리나라 중국 모두 달라 여행 즐긴다. 본토인도 수학여행 때나 보는 미국의 명승지 나이아가라 폭포 안 본 사람 없고 가는 곳마다 태극마크 대한항공 태평양 대서양 인도양을 부릉부릉 날은다. 이 경우 「서유견문(1895년:유길준)」 근대화의 길라잡이자 근대화의 교과서로서 국한문혼 요체 효시가 되었고, 선진국 문화의 소개서로서 큰 몫을 했다.

필자도 서독 독일 통일국 동독 북구 유럽전역 미국 카나다 호주 …… 5.18 항쟁의 실상과 당위성 초청 강연 차 다녀와서 「양키여 양키여」 기행시집을 간행키도 하였다. 투자된 달라 만큼이나 성과(좋은 작품)를 얻었는가. 반성해 보기도 하였다. 일본의 작가 가와바다 야스나리(川端康成)의 「雪國」 어느 한 대목 읽는 것보다 신비감이나 아름다움이 우러나지 않는다면 많은 여비로 투자한 보람이 없을 것이다. 영국의 낭만파 정열의 시인 바이런이 그의 출

세작 유럽(대륙)을 여행하고 쓴 「차일드 해럴드의 편력」이란 시집은 하루 저녁 자고 나니, 그는 영웅이 되어 있었다고 술회했다.

5. 더불어 사는 삶 결언

세계가 너무 넓고 커서 주마간산의 달라 여행으로 결코 걸작을 남기기에는 어려움을 직감하였다. 상당한 수준의 일류라 자처해도 어차피 기행시는 관광소개서 그 이상을 넘지 못한다고 생각해도 무리가 아니다.

1부에서 5부까지 詩 감상, 평도 지구촌 몇 만 리를 달려온 시적 화자 황춘자 시인과 함께 다시 제자리로 돌아와 '더불어 사는 삶'이라는 결언에 이르게 되었다. 낙동강문학 시민문학회 축제에 부치는 축시, 동창회, 사은회, 여러 자지 행사에 쓴 기념 詩, 행사 詩, 모두 귀한 시편들이다. 더불어 산다는 게 다 그렇듯 분위기 잡고 뒤풀이 하고 정담과 오가는 술잔 요란하고 창의성 발동한 건배 30년 40년 훌쩍 까먹은 인생 여정, 허망과 무상 아닌 것이 어디 있을까. 인정, 의리, 사명감, 시대고, 수많은 단어들 속에 녹아버린 시간들이다. 오늘은 그 허전함을 메꾸고 허무가 앉았던 자리에 쓰는 것이 시라는 것을 하나의 깨달음으로 가질 때 비로소 詩가 우리 가까이 다가오고 있음을 알게 된다.

옛 시절 시리던 한
배움의 허기증 되어
발버둥치는 욕구의 노예가 된다

창공에 빗금 간 세월
후회로 돌아보면
빼저린 아픔 있어
꿈인 양 찾아든 만학의 전당

젊은이와 동석한
배움이란 내 안의 반란
하지만 그곳을 밟으며

상실된 자신을 찾으며
혈흔 한 점 남길
어설픈 꽃 피워본다.

〈-캠퍼스에 핀 할미꽃-〉

만학도 시인, 흰머리 이고 앉아 학습을 받는다는 것, 건강과 용기와 총명 세 가지가 요청되는 것이다. 〈캠퍼스에 핀 할미꽃〉 얼마나 정겹고 아름다운 말인가. 눈물 없이 읽을 수 없는 절절한 아픔으로 다가오는 시적 울림은 모든 이론과 사조를 초월한다. 시로써 시작한 글 시로써 끝내며, 용단의 길에 들어선 성인반 사회교육원에서 젊은이와 함께 겨룬 서정시를 읽으면서 다시 한 번 황춘자 시인에게 경배를 보내고 싶다. 온갖 이론 온갖 사조 잘못된 제도 잘못된 사상, 천사보다 사탄들이, 진짜보다 가짜들이 요란을 떠는 집단적 허영의식 집단적 공범관계 속에서 타락과 부조리를 강요하는 말, 말, 말, 그 말의 홍수 속에서 캠퍼스의 늦깎이 할미꽃 시인의 마지막 발라드로서 오늘의 축배를 들고자 한다.

빗줄기에 묻어나는 아련함
앞집 흰 연기
감자 삶는 냄새로 피어오르고

보릿짚 타닥타닥
뒷집서 콩 볶는 냄새
앞뒷집 모인 자리 군것질 부패

비 젖어 늘어진 동구 밖 노송가지
우물가 향나무 처진 이파리도
모두 함께 음미하며 즐거웠지

옛 고향 장마철은
초가지붕 낙숫물 소리마저
인정으로 꽃 피던 그리운 고을.

〈-비오는 날의 향수- 전문〉

동양의 성현 孔子는 좋은 시를 말하여 낙이불음(樂而不

淫) 하고 애이불상(哀而不傷) 해야 한다고 했다. 즐거웁되 음란하지 않고 슬프되 감상적이지 않아야 한다. 바로 이 시가 그 관저(關雎)의 경지에 비견할 만하다 하여 아무도 반대가 없을 것이다. 나도 한번 가서 푹 젖고 싶은 그런 정겨운 고향마을 아닌가. 화롯가 할머니의 구수한 이야기가 토실토실 익어가는 그 곳으로 가고 싶지 않은가 독자들이여.

2010. 1. 7. 서은문학연구소에서

삼가 서은 문병란 씀.

쌍리마을 매화향기

인쇄 2010년 3월 5일
발행 2010년 3월 15일

지은이 / 황 춘 자
펴낸이 / 김 창 석
펴낸곳 / 홍익출판사

주소 / 대구시 중구 삼덕3가 245-2
전화 / 053) 421-6700, 427-3627
팩스 / 053) 423-5965
등록번호 / 1987년 11월 26일 제1-107호
E-mail / hongick88@hanmail.net

정가 8,000원

ISBN 978-89-7826-206-4 03800